核心素养视域下中学英语教学方法和教学模式研究

路娟 ◎著

中国出版集团
中译出版社

图书在版编目（CIP）数据

核心素养视域下中学英语教学方法和教学模式研究 /
路娟著. -- 北京：中译出版社，2024.3
ISBN 978-7-5001-7828-6

Ⅰ.①核… Ⅱ.①路… Ⅲ.①英语课—教学研究—中
学 Ⅳ.①G633.412

中国国家版本馆CIP数据核字（2024）第067702号

核心素养视域下中学英语教学方法和教学模式研究
HEXIN SUYANG SHIYU XIA ZHONGXUE YINGYU JIAOXUE FANGFA HE JIAOXUE MOSHI YANJIU

著　　者：路　娟
策划编辑：于　宇
责任编辑：于　宇
文字编辑：田玉肖
营销编辑：马　萱　钟筏童
出版发行：中译出版社
地　　址：北京市西城区新街口外大街 28 号 102 号楼 4 层
电　　话：（010）68002494（编辑部）
邮　　编：100088
电子邮箱：book@ctph.com.cn
网　　址：http://www.ctph.com.cn

印　　刷：北京四海锦诚印刷技术有限公司
经　　销：新华书店
规　　格：787 mm×1092 mm　1/16
印　　张：11.25
字　　数：222 千字
版　　次：2024 年 3 月第 1 版
印　　次：2024 年 3 月第 1 次印刷

ISBN 978-7-5001-7828-6　　定价：68.00 元

前　言

　　21 世纪，我们所面临的竞争主要是人才的竞争。世界各国综合国力的竞争愈演愈烈，已经从经济实力、生产力水平竞争，转化为人才的竞争。在这样的背景下，世界各国都将目光转向了教育，人们普遍认为，教育应该培养适应未来社会的具有核心素养的人。在历次教育教学改革中，英语学科都处在改革的最前沿，在新时代发展学生核心素养的教育改革要求下，英语学科应该承担起本学科的育人使命，应基于学科特点，基于立德树人，基于新高考的基础教育课程改革进行中学英语教育教学理念和教学方式深层变革，提高中学教育阶段英语教学质量，发展中学生英语学科核心素养，提升中学生英语学科核心素养视域下的语言能力、思维品质、文化意识和学习能力。许多学者和英语教育研究者通过研究发现，在英语教学中学生英语学习活动的实施和开展是发展学生英语核心素养的重要途径。教师和学生根据主题意义探究，通过深度理解文本和表达思想观点的语言实践活动，融合英语语言知识学习和英语技能发展；通过一系列思维活动，构建结构化知识；通过学习理解、应用实践、迁移创新三类学习活动，在分析问题和解决问题的学习过程中发展思维品质，形成文化理解，塑造学生正确的世界观、人生观和价值观，促进学生英语学科核心素养的形成和发展。

　　本书是中学英语教学方向的书籍，主要研究核心素养视域下中学英语教学方法和教学模式。本书从中学英语与核心素养的基础介绍入手，针对核心素养视域下英语词汇教学、核心素养视域下的英语阅读教学及核心素养视域下的英语有效教学策略进行分析研究；另外，本书对核心素养视域下的思维导图教学模式及核心素养视域下的语篇分析教学模式提出了一些建议，旨在摸索出一条适合中学英语教学的科学道路，帮助中学英语教师及学生少走弯路，运用不同方法，提高教学效率。本书对核心素养视域下中学英语教学方法和教学模式的研究与创新有一定的借鉴意义。

　　鉴于作者能力和时间所限，书中不当之处难免，还请广大读者批评指正。

作　者

2023 年 12 月

目 录

第一章　中学英语与核心素养

核心素养强调人的全面综合发展，特别强调人的思维品质。国内外许多学者关注和研究了英语、英语学习和思维的关系，他们普遍认为英语语言的学习对学生的认知能力和思维能力有积极的影响，能够促进学生的认知能力和思维能力的发展。而这些能力的发展反过来又会促进英语语言的学习。

第一节　课程与教学

在研究并实践英语教育教学之前，教师需要对课程、教学及其关系有较为深刻的认知，才能形成正确的英语教育教学理念、思路、方法，以及自己的英语教育教学主张。

课程历经百年发展，主要分为两大类：一类是以学科和知识为中心的学科课程，它遵循教材路线，形成了中学各门学科课程；另一类是以活动和经验为中心的非学科课程，活动课程与分科课程相对，它是打破学科逻辑组织的界限，以学生的兴趣、需要和能力为基础，通过学生自己组织的一系列活动而实施的课程，例如"儿童中心课程""经验课程"等。

学科课程实质是分科课程，20 世纪 60 年代以来关于学科课程的理论主要有：美国教育心理学家杰罗姆·西摩·布鲁纳（Jerome Seymour Bruner）的结构主义课程论、德国教育学家瓦根舍因（Martin Wagenschein）的范例方式课程论、苏联教育家马丁·赞科夫（Martin. Zankov）的发展主义课程论等。

布鲁纳的结构主义课程论的基本观点是：第一，主张课程内容以各门学科的基本结构为中心，学科的基本结构是由科学知识的基本概念、基本原理所构成的；第二，在课程设计上，主张根据儿童智力发展阶段的特点安排学科的基本结构；第三，提倡发现法学习。布鲁纳很多思想体现了很强的时代精神，对当前学校教育仍具有很强的现实意义。该理论的不足之处主要有：片面强调内容的学术性，致使教学内容过于抽象；将学生定位太高，好像要把每一个学生都培养成这门学科的专家；在处理知识、技能和智力的关系上也不是很成功。①

瓦根舍因的范例方式课程论强调课程的基本性、基础性、范例性，主张应教给学生基本知识、概念和基本科学规律，教学内容应适合学生智力发展水平和已有的生活经验，教材应精选具有典型性和范例性的内容。该理论的主要特点有以下四点：第一，以范例性的知识结构理论进行取材，其内容既精练又具体，易于举一反三，触类旁通；第二，范例性是理论同实际自然地结合的；第三，能解决实际问题的内容都是综合的，不是单一的；其四，范例教学能更典型、具体、实际地培养学生分析问题和解决问题的能力。②

赞科夫的发展主义课程论把"一般发展"作为课程论的出发点和归宿，因此，被称为"发展主义课程论"。所谓"一般发展"，是指智力、情感、意志、品质、性格的发展，即整个个性的发展。该理论的主要观点有以下五点：第一，课程内容应有必要的难度；第二，要重视理论知识在教材中的作用，把规律性的知识教给学生；第三，课程教材的进行要有必要的速度；第四，教材的组织要能使学生理解学习过程，即让学生掌握知识之间的相互联系，成为自觉的学习者；第五，课程教材要面向全体学生，特别要促进差生的发展。

活动课程起源于19世纪末20世纪初欧美的"新教育运动"和"进步教育运动"，其发展历史较分科课程要迟上千年。活动课程有时也叫"经验课程"，是相对于系统的学科知识而言，侧重于学生的直接经验的课程。这种课程的主要特点就在于动手"做"，在于手脑并用，在于脱离开书本而亲身体验生活的现实，以获得直接经验。

活动课程的主要观点有：课程设置应当以儿童的活动为中心，而不是以学科为中心；应当以儿童的直接经验作为教材内容；教材编排应注意儿童的心理结构。杜威认为，儿童有四种本能，并相应地表现为四种活动：语文和社交的本能和活动；制造的本能和活动；艺术的本能和活动；探究的本能和活动。课程设置就应当以这些本能为基础，并尽量满足这些本能的要求。他主张教材应当心理化，应当把各门学科的教材或知识恢复到原来的经验，通过教学把它变成儿童个人的直接经验。活动课程的特点可以概括为以下四点。第一，经验性。注重通过经验的获得与重构来学习。第二，主体性。尊重学生的主动精神并以此作为教学的出发点与目标。第三，综合性。打破传统的学科框架，以生活题材为学习单元。第四，乡土性。可以结合不同地区的特点选择与开展活动。

综合比较分科课程和活动课程，可以发现各自存在着优缺点，但两种课程观并不是两

---

① 杰罗姆·布鲁纳. 布鲁纳教育文化观［M］. 宋文里，译. 北京：首都师范大学出版社，2011.
② 马丁·瓦根舍因. 小小物理学家孩子眼中的物理学［M］. 秦波，译. 北京：中国纺织出版社，2022.

元对立、泾渭分明的关系，而是走向一种综合与融合。当今时代，课程演进和发展趋势是，分科课程与活动课程是学校教育中两种基本的课程类型，我们可以把两者看作是一种相互补充而非相互替代的关系。分科课程将科学知识加以系统组织，使教材依一定的逻辑顺序排列，以便学生在学习中可以掌握一定的基础知识、基本技能。但是，由于它分科过细，只关注学科的逻辑体系，容易脱离学生的生活实际，不易调动学生学习的积极性。

而活动课程则可以在一定程度上补救这一缺失，但同时，由于活动课程自身往往依学生兴趣、需要而定，缺乏严格的计划，不易使学生系统掌握科学知识。一正一反，利弊兼具，任何一种在张扬其特长的同时，也就将其弊端暴露无遗。所以，这两类课程在学校教育中都是不可或缺的，必须走向综合化、平衡化，理想的境界是，分科中有活动，活动中有分科。

另外，谈及课程，总是离不开教学和教学论。什么是教学？教学即是教师的教和学生的学所组成的一种人类特有的人才培养活动。通过这种活动，教师有目的、有计划、有组织地引导学生学习和掌握文化科学知识与技能，促进学生素质的提高，使他们成为社会所需要的人。什么是教学论？教学论又称教学法、教学理论，是研究教学一般规律的科学。教学论是教育学的一个重要分支，它是由教学在整个教育活动中的地位与作用、教学目的、任务、教学过程的本质与规律、教学原则、教学内容、教学方法、教学组织形式、教学手段、教学评价等内容组成的。在当代，随着教育科学的发展，它已成为相对独立的学科。

课程与教学的关系，是课程与教学论学科中具有争议性的问题之一。几十年来，它们的关系大致经历了"大教学观"时期、分离期、整合期、"大课程观"时期。课程与教学的关系状态的形成，与我国的国际学术地缘关系、理论话语的措辞方式、学科建制的权力结构及其所形成的学者生存心态等知识社会学因素有关。

20世纪90年代中期以来，整合课程与教学关系的要求越来越迫切。"教学中的课程""作为课程进程的教学"等反映课程与教学一体化研究趋势的新概念也被提了出来。有人认为，课程与教学关系的二元论，主要表现为一种"技术理性"，反映了课程开发的工业化思维，以效益控制为核心，追求一种普适化的课程开发模式，在结果上表现为一种单一的"官方课程""制度课程"，而教学就在于忠实有效地执行、传递课程。课程与教学基本上处于分离的状态，需要整合。另外，课堂不单单是知识授受的场所，在空间上有具有多样性，即在特定的场所中人际交往的互动，以及人与环境的互动中，知识的生成是动态的。课程不是材料的拼接与传送，而是社会有机事件的发生场所和精神生活的文化空间；教学也不是传递知识的手段，而是具有交往性的知识互动过程。课程与教学的整合，体现了学习者个体对于教育环境的综合要素的交往互动，即"个体对周围环境的多元理解和诠释、课程的意义建构以及由此而促成个体经验的自我生长，这一过程同时也是个体作为社会成员的自主行动过程"。由此可见，课程与教学关系的整合是个体自主性发展的前提，体系化的知识则退居次要的位置。

综上所述，新时期的课程与教学是"跑"与"道"的综合统一。课程是"道"，是内容和规定，是目标和指引；教学是"跑"，是实践和操作，是过程与达成。课程的教材文本和师生的教学活动统一于一种综合的课程形态中，课程和教学同时统一于学生的学习要义之中，服务于学生的学习。就英语课程来说，英语课程具有工具性和人文性的双重属性。其中，工具性是基础和前提，人文性是灵魂。

第二节　中学英语教学理论

相对于固定的中学英语课程体系及其教材来说，中学英语的教学法和教学研究显得更加丰富多彩、变幻多端，中学英语教学理论流派众多，教学法包罗万象，在形成属于自己和学校的区域性特色英语教学主张之前，有必要对主流的英语教学理论和教学法进行梳理、筛选，去粗取精、去伪存真，以明确前行的方向。

交际学派、古典学派、人本学派和听觉语言学派作为几种具有重要影响的"二语习得"理论，以其各异的理论观点与教学方法论对外语教学产生了重要影响。研究和分析不同流派的理论观点和教学方法论之间的区别和联系，对于外语教学实践和教学方法创新具有重要意义。外语教师需要重视不同理论对外语教学的影响，把握不同教学方法论的实质，综合运用各种教学套路，实现教学方法创新。

教学方法时代分为三个阶段：①以直接法和语法翻译法为代表的初始阶段；②以听说法和情景法为代表的发展阶段；③以转换生成语法诞生为分水岭，并以交际法和人本主义教学法为代表的终结阶段。下面，回顾几种主要的语言教学理论。

一、交际语言教学理论

交际语言教学不再被看作是仅仅属于欧洲或美国的一种现象，它是一种国际性视角，是对当今处于不同学习环境中具有个人差异的语言学习者的需求所做出的一种国际性努力。交际语言教学正在成为一种革新的、动态的、兼收并蓄的语言教学理论；交际语言教学只是一个综合性概念，并不指任何一套单一的教学法，而是各种技巧和方法的综合运用。可以说，"交际法"仅仅是交际语言教学理念实施下的一种教学模式。因此，交际语言教学的发展方向趋向多元化与综合化。交际教学法认为，语言总是处于一定语境当中，学习语言自然应该是学习交际，语言的意义重于语言形式，操练只能是教学手段之一。主张外语习得应该以流利性和可接受性为原则；在外语学习中应该允许学生创造性使用新语言，鼓励学生大胆"试错"；不必拘泥于听说领先、读写跟上的步骤，更加强调听说读写综合技能的获得；只要用当其时，外语教学中可以使用母语。然而，重视交际固然能够使学生大胆表达自己的思想，教学效率却不容易提高；交际教学往往也会导致一些看似有效实则无效，甚至错误百出的交际活动，其教学效果也往往因此而大打折扣。古典理论虽然陈旧但是在某些方面依然堪称"经典"，时至今日我们依然无法彻底地抛弃它。例如，对于成年外语学习者来说，语言规则确实能够帮助他们解决不少外语学习难题。

二语习得理论认为，作为运载工具的一种，语言实现了信息的传递，而通过研究和实践二语习得理论可得，与语言学习不同，二语习得是将语言付诸实践继而实现理解语言的意义，这是一个不断交流和实践的过程。如何更流利、更准确地将语言应用于实际，是二语习得理论所关注的主要课题。培养学生形成交际能力是语言类教学活动的最终目的，语言交际能力包括两个方面：语言能力、语言运用能力。语言交际能力中又涵盖了如下四个参数：与语法相符，在形式上某一种说法是否可能，或达到何种程度才可能；合理性，即某一种说法是否可行，或在何种程度上可行；得体性，即某一种说法是否得体，或达到何种程度才算得体；操作性，即某一种说法是否实际发生，或达到何种程度而实际发生。在其学习理论层面，交际语言教学基于三个重要原则：交际原则，即具有真正交际意义的活动能够促进语言学习；任务原则，即运用语言执行有意义的活动可以促进语言学习；意义原则，即对学习者有意义的语言才能使学习过程持续下去。对于交际语言教学来说，交际能力理论是其直接的理论基础构成，并由此衍生出交际语言教学过程中的基本原则。在交际语言教学中，应根据针对学生需求分析所得结果，以培养学生养成交际能力并不断强化为教学宗旨，同时在教学内容的选择上主要以语言使用规则为主体，积极在课堂上组织开展交际活动并保证其覆盖课堂教学活动的始末。就某种程度而言，在英语教学过程中，交际教学法的教学效果堪称"理想"。英语课堂教学通过交际教学法的应用将其以形式为中心转向以功能为中心，课堂主体也由传统教学模式中的教师转向现在的学生，这就是交际教学法的效用和魅力所在。与其他各类教学模式相比，交际教学法强大的生命力也源于此。在课堂活动中，教师布置相关的交际任务，引导学生以合作的方式，或以小组、集体的形式相互协作并最终完成。在此过程中学生改变了传统被动的课堂知识灌输受众角色，而成为课堂的主体和学习活动的主角。与传统教学法相比，交际教学法具有很多优点，但传统语法教学对于英语教学也同样重要。我们对语法教学加以强调，并非恢复传统语法教学模式，在当前英语教学现状下，如何教好语法并将其与交际教学法充分结合成为英语教育工作者所面临的重要课题，应将两者所具备的优势予以充分发挥，在英语教学过程中探寻到最佳途径。

二、任务型语言教学理论

任务型语言教学法即学生通过运用目标语言完成任务的方式来学习语言。也就是说，任务型语言教学法是一种以任务为基础的语言教学方法，学习者的目的是完成交际任务，而不是学习语言项目。在活动期间，学习者可以根据需要选择语言项目，既可以是自己很熟悉的语言，也可以是不熟悉的语言，或是学习新的语言形式。学习者在完成任务的过程中学习和使用语言，在做中学，在用中学。教学任务为学习者提供了语言输入和输出的平台，使学习者发挥主观能动性，在完成任务的同时提高自己的语言运用能力。

与任务型语言教学法相关的理论主要有以下五种：

调节理论，又称中介理论。调节理论是社会文化理论的中心概念，任何高级认知活动，包括二语学习，都需要经过如语言、实物、图标等调节工具，才能得以发展。而语言是最基本的调节工具。

活动理论认为，人的心理是在人的活动中发展起来的，是在人与人之间相互交往的过程中发展起来的。活动是高级心理机能或者意识形成必不可少的一个条件。活动理论的研究重点是个体或者群体在特殊情境下采取哪种活动，而不只是关注语言的技能、信息的处理和概念的应用。该方向的研究从活动、行动和操作方法三个层面进行。活动是情境，行动是以目的为导向的行为，而操作方法是完成一个活动的方式。活动与情境相关，如语言教学课堂；行动与目标相关，如提高语法等；操作方法则与行为的各种条件相关，如小组、搭对形式等。活动理论把人的行动视为社会和个体相互影响的动态系统，认为活动是社会多层面合作的过程，不能以教师和学生任何一方为中心，只能是彼此的共同合作。

最近发展区和"支架"理论。最近发展区理论是指学习者个体独立发展的语言水平与在高水平的合作者帮助下发展的语言水平之间的距离。事实上，最近发展区理论的重点是专家和新手之间对话关系的本质，提高新手对语言的自我调节能力，促进个体在有帮助下学习到的技能能够在将来独立完成；"支架"理论是指任何"成人-儿童"或者"专家-新手"的相互协作的行为。

对话理论。所有的言语都是对话性的，也就是说，所有的语言都有说者和听者，个人只有参与到对话中才会成为语言使用的主角。对话理论认为，所有的语言和人类的意识实际上都是动态的、互动的，并依赖于环境的。

情境学习理论。情境学习理论模式的核心概念是合法边缘参与理论，指语言学习者需要被看作某个社群合法的参与者，学习的目的是获得社群的资源，为此学习者必须在社群中被其他人接受，其途径是至关重要的。语言学习使个体融入社会文化中，在关注个体与社会互动活动的同时，也强调"人、活动和社会三者之间的互动、互惠关系"。

任务型语言教学的原则归纳如下：任务型教学实施应该以学习者为中心；注意选择任务的难度，明确任务的目的；重视使用真实情境中的文本和材料，努力创设接近真实的情境；使用可说明性的任务还有助于学习者自我评价；强调团队合作学习。

任务教学实施结构框架如下：前任务，此阶段介绍主题和任务。教师在此阶段帮助学生理解任务的主题，可以综合全班同学的已有经验或直观图像等来介绍主题，可以通过前任务活动唤起学生对于主题的相关经验，也可以给学生时间，思考如何解决任务。此阶段，教师要确保学生理解任务要求，可以重点突出一些关键词或短语，也可以播放他人完成相同或类似任务的录音。任务环，此阶段学习者运用自身已经掌握的语言去完成任务，并为之后的汇报详细准备计划，最后以汇报的形式来展示任务的完成情况。因此，此阶段包含任务、计划、汇报三部分。

任务：学生以结对或小组为单位完成任务。在学生的任务解决过程中，教师始终是以监控者、支持者、帮助者的角色出现，不能手把手地教，更不能为了强调语言的准确性而打断学生的任务解决过程。

计划：小组学生完成了任务，但为了将其成果以口头或书面的形式展示给全班同学，他们需要关注语言的准确性，学生小组会草拟或演练将要陈述或表演的内容。教师此时的角色是建议者，使学生明确报告的目的，协助他们进行必要的修改，使其适合在全班展示。

汇报：此阶段小组学生正式向全班简要汇报。教师此时应该扮演汇报主持人的角色，安排口头报告的先后顺序，使书面报告能够被充分阅读。其他小组应该针对汇报组的任务完成情况做笔记后给出评论，教师在每组汇报结束后也应该及时给予反馈。

语言焦点：此阶段对任务环中语言的特点和相关语言知识进行细致探究，包括分析和练习。

分析：学生从自我参与的任务活动中，自我分析和总结出相关的语言点，从而增强对此类语言点的意识，以便在以后接触到同样语言点时能够识别，最终将其整合到学生个体的认知系统中。

练习：教师可以组织与语言点相关练习活动，如齐声朗读、记忆游戏，此时起到一种总结的作用，能够使学习者重视上面分析的语言点，也是对整个教学过程的一种强化。

三、全语言法教学理论

全语言法教学理论认为语言是有意义的，应该把语言作为一个整体来教学，而不是把它分割成若干部分。教师在教学的时候，必须注意语言的实用性。全语言法教学有以下两个方面的特征。

阅读方面，专注于培养学生读有现实意义的书籍。通过篇章来教学生单词，而不是把词句拆开，单独教授。这个特点是全语言法教学理论的精髓。教师鼓励学生对陌生词汇猜测，强调学生在各式各样的真实语料中理解并使用语法，正确拼写。

写作方面，全语言法教师注重内容的表达。学生必须是为了真实的目的写作，或是有感而发。例如，学生在学自然课的时候，也许会学到如何种植某种植物，他们就可以写观察日记。这就是与生活紧密相连的写作。

全语言法教学的核心要点有以下三点。

从英语整体性入手，实现功能先于形式。语言是整体的，它是整体大于部分之和，而不是一加一大于二，将完整的语言肢解成语音、词汇、语法规则、句式结构等若干个互不相干的语言单位，在很大程度上会破坏语言的完整性。因此，在"全语言教学"理论的指导下开展中学英语教学活动，首先教师要从英语整体性入手，实现功能先于形式，以此来促进学生更好地学习英语这一门语言。在学习英语过程中，只有当学生明确用英语去做什么事时，才能促使学生更好地学习语言，以此来用语言表达满足他们的需要，借助这样的形式，英语的学习才能更加容易。因此，教师在开展中学英语教学活动中，要转变学生的固有思维，刺激学生驾驭英语形式的欲望，从而促进整体发展。

创设教学情境，营造"全语言"环境。语言的学习应该从整体到部分，不仅是因为整体大于部分之和，而且也是因为在整体之下部分的价值才能最大限度地发挥，与此同时，语言的使用如果离开语境，会导致语言学习的难度系数变大，因此，应在"全语言教学"理论的指导下开展中学英语教学活动。另外，教师要有效创设教学情境，营造"全语言"环境，从而培养学生的综合语言运用能力。情境的有效创设，不仅能够让学生在较为真实的环境中运用英语，以此来提高英语能力，而且也能够让教师更好地运用"全语言教学"理论，以此来提高中学英语教学质量。

合理布置课外作业，让学生充分利用课外语言锻炼机会。语言的学习如果单靠课堂时间是远远不够的，毕竟一节课的时间是 45 分钟，因此，在"全语言法教学"理论的指导下开展中学英语教学活动，教师要合理地布置课外作业，让学生充分利用课外语言锻炼机会，从而促进学生获得更好的发展。

全语言法教学也有其局限性，具体包括：对真实教学材料的选择困难；学生学习的进度难以把握，全语言法提出让学生自己选择真实的材料学习，每个学生选择的材料都不一样，教师很难控制全班的进度；缺乏完善的评价体系，全语言法并没有规定一个完整的评价体系，这对于学生的发展来说也是一个不利的因素；对教室秩序难以掌控在全语言教室中，学生掌握主动权，教师起到的是辅助作用。全语言教室允许学生自己管理教室。

四、生态角度的语言教学研究

生态是一种有机生物体在其生存和发展的环境中与其他各种有机生物体之间的整体关系。英语课堂生态，是指在英语课堂上教师、学生与其课堂环境之间相互作用、相互影响而构成的有机生态整体。这是一种特殊的生态，之所以特殊，是因为它不同于自然生态，而是一种人为建构的生态。生态外语教学观以动态与发展的眼光审视外语课堂教学，视外语课堂教学为师生共同探索如何提高外语知识与能力水平的过程。在此过程中，不仅学生应不断成长，教师也应在课堂教学中得到发展。作为一种课堂教学的新方式，生态课堂就是实现绿色教育。绿色代表生命，代表成长和生机，代表活泼清新的未来。在生态课堂中关注人的发展，以人为本，尊重个性，关爱生命，着眼发展，尊重学生的主体地位，让学生在教师的指导下，自主地建构知识，培养能力，张扬个性，最大限度地满足学生各方面的需要。生态课堂可以打开学习的情感通道，促进外语学习；生态课堂可以帮助学生超越自我，开阔思路，挖掘学习潜力。生态课堂的内涵核心是以人为本，以发展为本。在教学过程中，将"整体性、开放性、协同合作、相互依存、动态平衡"等教育生态的意识观念贯彻其中，强调创设积极的有利于学生生态主体建构生成的课堂生态情境，以理解、交往、动态生成等为教学路径，教师和学生生态主体成为平等的对话者、合作的探索者，学生成为协同的自主学习者。基于和谐的关系，促进每个学生生态个体的个性健康全面发展，同时促进教师生态个体的专业成长。英语课堂生态观呼唤摒弃单一化、程式化和教条化的模式，代之以富有生态性、多极性和对话性的互动网络式教学。

生态化外语教学观的基本理论基础是生态语言学。与信息时代其他新兴的语言学一样，生态语言学是一个跨学科的领域，由语言学与生态学结合而产生。它是语言学汲取了心理学、社会学与计算机科学等学科有关部分，形成了心理语言学、社会语言学与计算机语言学等新兴学科后诞生的又一个语言学分支。生态语言学以社会语言学与心理语言学为主要理论基础，但生态语言学研究的对象不是社会语言学与心理语言学的重复或相加，而是从生态学的角度探讨语言与生态系统的关系。主要关注以下两点：一是通过对语言的分析进一步认识生态系统，如讨论环境或其他生态系统的因素时使用的语言及特点等；二是通过生态学观点分析语言本质及使用的特点，旨在探讨语言与环境的交互作用。

生态外语教学观充分重视自然、社会中物质和人文环境对教师外语教学与学生外语学习的影响，并强调师生与这些环境的互动在外语教学中的重要意义，这是值得广大外语教师深思的。正如持生态外语教学观的学者指出的那样，虽然关于环境对外语教学与学习的影响并不是生态外语教学观首先提出的，但是，纵观历来各个外语教学流派，无一不重视环境的影响，并做大量实地考察与研究。事实证明，过去我们对这一问题有所忽视，例如，当学生外语学习产生困难时，往往仅从学生内部，即学习动力、态度、能力与方法等方面寻找原因，较少分析他们受到哪些客观因素（特别是哪些无形的因素）的影响，以及他们如何在适应环境的过程中形成不当的行为，然后采取有效措施，帮助他们从主、客观两方面着手提高学习成效。外语课堂教学中存在着多种因素，它们既互相依存，又互相制约，正确处理它们之间的关系，对外语课堂教学的成败至关重要。进入 21 世纪以来，生态外语教学观强调的外语课堂教学的能动性逐渐得到外语教学界的认同。越来越多的外语教学工作者认识到，过去外语教学领域诸流派往往以静态的观点对课堂教学做单一、线性的分析与指导，"方法时代"各种外语教学法总是注意如何以一种方法替代另一种方法就是最突出的例子，似乎解决了教学方法，外语课堂教学就产生了生机。

当高科技设备进入外语课堂后，又出现了大量使用计算机进行语言操练和依赖互联网的状况。人们发现，再好的教学方法，再多地使用科学技术手段，也不可能解决教学中产生的各种问题，也不能一劳永逸地提高外语教学质量。究其原因，就是未认识到生态外语教学观所指出的：课堂教学中的教师与学生都是活生生的人，他们带来了各种问题，而且整个课堂是一个不断变化与发展的过程，其生命力来自课堂内多种因素的互动，以及由这些互动产生的教与学的发展。

第三节　英语学科核心素养的构成要素

英语学科核心素养分为语言能力、文化品格、思维品质和学习能力四个方面。中学英语教学实践中，要以发展英语学科素养为目标，落实立德树人根本任务；实施中学英语课程应以德育为先、能力为重，创新为上，强调在英语教学实践中，在提升学生英语语言运用能力的过程中，帮助学生习得语言知识，形成语言能力，学会理解和鉴赏中外优秀文化，同时培育家国情怀，树立社会责任意识，坚定文化自信，拓展国际视野，增进国际理解，逐步提升跨文化交际能力、沟通能力、思辨能力、学习能力和创新能力，形成正确的世界观、人生观和价值观。

一、语言能力

语言能力是英语核心素养中重要的要素之一，是英语课程的一个具体目标。语言能力是指学生借助语言进行理解和表达的能力，指学生在一定的社会情境中，能够在听、说、读、写、看等语言输入和输出活动中，理解和表达意义、意图和情感态度，培养语言的感知与领悟能力，形成正确的音感和语感的能力。在输入活动中，内化整合产生新知识，形成新技能；在语言理解中，运用已有英语语言知识，能够深度理解语篇传递的要义和具体信息，推断作者的意图、情感态度和价值取向，提炼主题意义，提高表达技能；在输出活动中，能够有效地陈述事件，传递信息，分享个人看法，倾听他人见解，形成语言沟通和表达能力。具体地讲，语言能力主要包含以下四个方面：一是关于英语和英语学习的意识和认识，例如，对英语重要性的认识，对英语与文化、英语与思维之间的关系的认识，对学习英语的意义与价值的认识等；二是对英语语言知识的掌握程度，特别是运用英语语言知识传递信息和表达意义的能力；三是理解各种题材和体裁的英语口语和书面语篇的能力；四是使用英语口语和书面语表达交流交往的能力。在英语学科的教育教学中，语言能力必须和文化品格、思维品质、学习能力协同、整合性发展，才能够实现英语学科育人的目的，落实立德树人的总目标。

二、文化品格

在英语核心素养中文化品格是价值取向，主要指学生能够改造、完善自己的内心世界，使自己成为具有理想的文化素养的人，并能在今后政治和社会生活及跨文化活动中表现出文化素养和能力。国际理解能力和跨文化交流能力是现代公民的必备素养。文化品格是指对中外文化的理解和对优秀文化的认同，是学生在全球化背景下表现出的文化意识、人文修养和行为取向。文化品格融合了文化意识和情感态度价值观两个要素的内容。它不仅仅指了解一些文化现象和情感态度价值观，还包括评价和解释语篇的能力，能够比较和归纳语篇反映的文化，形成自己的文化立场、态度和鉴别能力。在英语教学实践中，培养学生较好的文化品格要充分考虑和选择学习资源，合理、科学地设置问题和任务，引导学生在跨文化交流中积累知识、提升技能，提高人文修养。英语学习活动的信息输入过程中，文化的理解能力与文化的认同态度是在语言学习活动中，通过价值观的引导和心智活动的实践提高而发展起来的，并逐渐迁移到现实世界的文化生活中，形成文化意识。中学时期是学生的情感态度和价值观发展的重要阶段。中学所开设的各个学科都对学生形成积极的情感态度和价值观有重要的影响，英语学科也如此。这些情感态度和价值观以各种形式体现在语言实践中。

三、思维品质

思维是大脑对客观事物及联系间接概括的反映，是在感知的基础上，通过分析与综合、抽象与概括、归纳与推理等智力活动，探索和发现事物本质联系和规律性。在英语学科核心素养中，思维品质是心智保障。思维品质界是人的思维个性特征，反映其在思维的逻辑性、批判性、创造性等方面所表现出来的能力和水平。在这里，思维的逻辑性主要表现为思维的规则和规律，思维的批判性主要表现为质疑、求证的态度和行为，思维的创造性表现为推陈出新。英语学科素养中的思维品质包含思维能力和思维人格特质两个方面的内涵。前者是认知因素或称智力因素，包括分析、评价、创造等技能；后者是非认知因素，包括好奇、开放、自信、正直、坚毅等特质。发展思维品质的目的在于提升学生分析问题和解决问题的能力，促使学生把握事物的本质，从全局全面的角度对事物做出正确的价值判断，具备初步的多元思维的能力，促进学生的深度有效学习。语言是思维的外壳，语言更是思维的工具，思维是在语言材料的基础上产生和发展的，语言与思维能够相互促进，二者相互依存，学习和使用语言要借助思维；同时，学习和使用语言反过来又能够进一步促进思维的发展。不同语言的不同结构体系会产生不同的思维方式，一种语言就是一种文化、一种思维方式，学习和使用母语以外的语言，可以丰富思维方式，促进思维能力的发展。

作为英语核心素养的思维品质，既不同于一般意义上的思维能力，也不同于语言能力核心素养中的理解表达能力，而是与英语学习紧密相关的一些思维品质，例如，引导学生观察语言与文化现象，分析比较文化之间的异同，归纳语言及语篇特点，分析和评价语篇所承载的观点、态度、情感和意图，理解英语概念性词语的内涵和外延，把英语概念性词语与周围世界联系起来，根据所学概念性英语词语和表达句式，学会从不同角度思考和解决问题，根据所给信息提炼事物共同特征，借助英语形成新的概念，加深对世界的认识。在这个过程中，帮助学生学会观察、比较与分析、推理与判断、归纳与总结、建构与创新以及评价等思维方式，增强思维的逻辑性、批判性和创造性，提高思维品质。而思维品质的提升又能增强学生的英语语言能力。需要特别注意的是，用英语进行理解和表达的过程不仅有利于学生培养普通思维能力，而且有利于学生逐步形成英语使用者独有的思维方式和思维能力。青少年阶段是思维能力发展的重要阶段。基础教育阶段的所有课程都应有利于促进学生思维能力的发展，英语学科也不例外。语言与思维的关系十分密切，学习母语以外的语言对促进大脑和心智的发展具有重要作用。通过学习英语促进思维能力的进一步发展，英语学习有利于促进以下思维能力的发展，即观察与发现能力、逻辑思维能力、概念建构能力、比较与分析能力、信息记忆与转换能力、批判思维能力、认识周围世界的能力、时空判断能力、严密思维能力和创新思维能力。

对学生而言，学习能力是指在教师的指导下所掌握的科学的学习方法，即会学。心理学将学习能力界定为在很多种基本活动中表现出来的能力，如观察力、注意力等。学习能力为学生积极运用和主动调整英语学习策略，拓展英语学习渠道，努力提升英语学习效率的意识和能力。英语核心素养中的学习能力是指学生在英语学习过程中逐步形成的主动学习和自我提升的意识、品质和潜能。主要指通过教学方式和学生学习方式的改变及课堂学习环境的改善，学生能确立正确的学习观，形成良好的学习动机，养成良好的英语学习习惯，具有一定的英语学习策略，保持对英语学习的兴趣；借助于问题和任务能主动拓宽学习资源渠道和信息获取手段，有效规划学习时间，能够自我约束、自我评价、自我激励，形成主动进取的学习习惯和学习能力。对于学生来说，掌握英语学习的要领，养成良好的学习习惯，形成有效的英语学习策略非常重要。还要注意，作为英语核心素养的学习能力并不局限于学习方法和策略，也包括对英语和英语学习的一些认识、意识和态度。在英语核心素养中学习能力是发展条件。

第四节　英语学习活动观的理论与内涵

一、英语学习活动观的理论与实践

（一）人本主义教育思想

人本主义对英语学习活动观影响较大的有马斯洛的需要层次理论和罗杰斯的自由学习观。他们认为，学习者不是被动地被外界诱因所激发，而是根据自己的需要、情感和意愿做出某种行为。

班级教学能够提高受教育的学生的数量，节约教育成本和教育资源，但它忽视了个体的差异性，忽视了个体不同的需要。人本主义心理学家亚伯拉罕·马斯洛（Abraham H. Maslow）^① 认为，人的需要由低到高分为五个层次，它们依次是生理的需要、安全的需要、爱和归属的需要、尊重的需要、自我实现的需要。其中包括求知欲的满足、自我提高的需要等。需要的满足是有先后之分的，只有当低层次的需要获得相对的满足后，人才会有满足高层次需要的动力。这个规律对于学生来说也适用。如果孩子失去了安全的庇护，失去了父母的爱，他自然关注的就是如何使自己的家庭恢复和谐与平静，如何获得父母的爱，而很难做到在此情况下好好学习，满足高层的求知的需要。要想重新点燃孩子求知的需要，教师必须想办法满足他的安全与爱的需要。

卡尔·罗杰斯（Carl R. Rogers）是人本主义教育思想的代表人物。他认为，人在安全的环境中，能直觉地判断对自己最好的目标和行为方式并努力地实现这一目标。教师不需要把知识喂给学生，不需要决定学生学习的内容、学习方式和学习策略。当学生所需要的只是一个足够安全、民主的学习环境时，学生就会自觉地选择他们感兴趣的学习内容和努力方向，制定适合自己的学习策略和学习方法。教师需要做的就是给学生提供丰富的可供选择利用的学习资源，在学生遇到困难的时候，教师能够提供适当的帮助和指导；在学生遇到失败的时候，教师能够给予学生情感上的抚慰支持和鼓励，帮助学生树立信心，振作精神，克服困难，走向成功。罗杰斯试图通过心理安全、自由民主环境的创设来帮助儿童走向创造性。罗杰斯通过长期观察和研究发现，如果教师和家长对儿童无条件地接受和移情性地理解，为他们提供一种没有外部评价的、自由的环境，那么儿童就会获得心理安全感，充分地思考、感受和形成自由的心理。在这种气氛和成长环境中，儿童无须戴上面具加以伪装，能以其真正的自我出现，能充分地发现对自己有意义的东西，能努力以新的、自发的方式加以自我发现，并尽情地表达各种各样别出心裁的看法，这样，儿童就可以不断地走向创造性。罗杰斯认为，这是一种基本的对创造性的培养和呵护。罗杰斯倡导一种"非指导性的"教学，它是一种能促进儿童进行"意义学习"的教学模式。这种教学模式的本质特征在于形成一种不寻常的环境，使学生的各种潜能得到开发，使学生的"意义学习"得以产生，最终达到使学生学会学习及完善个性的目的。罗杰斯认为，教学是一种体验过程，在这个过程中良好的人际关系很重要，通过学生自己产生问题与解决问题来达到对经验意义的理解，从而有效地影响自己的行为。罗杰斯认为，以学生自由学习为中心的教学最基本的原则是教师自己首先要充满安全感，并且充分信任儿童的独立思考

---

① 亚伯拉罕·马斯洛是美国著名社会心理学家，第三代心理学的开创者，提出了融合精神分析心理学和行为主义心理学的人本主义心理学，于其中融合了其美学思想。他的主要成就包括提出了人本主义心理学，提出了马斯洛需求层次理论。

能力和独立学习能力。其次，这种教学需要教师、儿童，甚至家长、社会人士共同承担对儿童学习过程的责任，应提供开放性的学习资源，这种学习资源既包括来自教师自身的经验，也包括来自书籍等材料及社会活动等资源。在这个过程中，学生应单独地或与他人合作形成自己的学习计划，并能做出自我评价。同时，这种教学的教学组织过程的目的在于形成一种"促进"的学习气氛，它是一种真实的、充满关心的和理解性倾听的气氛，教师与学生共同构成真实的、理解的、移情的课堂人际关系。在这种促进的气氛中，儿童的学习以更快的速度、更深刻地展开，并且更广泛地弥散到儿童的生活和行为中。罗杰斯强调，教师应把学生的感情和问题所在放在教学过程的中心地位。我们不能直接地教授他人，我们只能使学生的学习得以容易的展开。罗杰斯非常重视教师在教学过程中的作用，认为教师的态度决定着课堂教学的性质与成败。在"非指导性教学"中，教师并非放弃对学生学习活动的主导和指导，而应作为教学活动的组织者和促进者。其任务主要包括，帮助学生引出并且明确所希望做的事情；帮助学生组织和形成已认可的经验，并且提供广泛的学习活动和学习材料；为学生服务；营造学生接受的课堂气氛；作为学习的参与者而活动；主动地与小组一起分享他们自己的感情和想法；认识并承认自己的缺点等。①

罗杰斯从构建融洽的师生人际关系出发，对教师的基本素质提出了要求。在他看来，"真实""接受""移情性理解"是构成良好人际关系的要素，教师一个很重要的职责就是创设良好的人际关系，因此，教师应具备三个方面的素质。一是做一个真实的人。罗杰斯将此作为教师应具备的最基本的态度。二是无条件地接受学生。罗杰斯认为，人的本性是好的，人具有优越的先天潜能，这些潜能的发展需要良好的、安全的心理气氛。这种良好的心理气氛需要教师对学生各个方面无条件地接受，并相信学生自己有能力进行有效的自我学习。三是对学生的移情性理解。移情性理解是对教师的新要求。它要求教师能站在学生的立场，从学生的角度观察世界，对学生的心灵世界敏感并于理解，设身处地地为学生着想。人本主义首先把学生看作人，其次才是学习者，强调人的需要和能动性并不会弱化学习的重要性，降低学习的效率。因为人本身就有自我提高、自我完善的倾向，当一个人处在安全、支持、自由的氛围中时，他们会自发地进行有效的学习。

（二）选择理论

美国著名教育家约翰·杜威（John Dewey）认为，每一个人都希望被重视、被关怀、被肯定，当满足了这些要求后，他就会朝着被重视的那个方面焕发出巨大的热情，并成为

---

① 车文博. 人本主义心理学元理论［M］. 北京：首都师范大学出版社，2010.

你的好朋友。① 杜威认为教育是生活的过程，学校是社会生活的一种形式，"教育即生活"。理想的学校生活应满足儿童的需要和兴趣并与儿童自己的生活相契合；适应现代社会变化的趋势，并能够成为推动社会发展的重要力量。根据"教育即生活"，杜威进一步提出"学校即社会"，目的是为了让学校生活成为一种理想的社会生活，使学校成为一个合乎儿童发展的雏形的社会。要实现这一目标，就必须要进行教育教学改革，改变教学模式，改变教学方式，改变学习方式，改革学校课程，把儿童本身的社会活动作为学校科目相互联系的中心。可见，"学校即社会"是对"教育即生活"这一命题的进一步引申和深入，代表社会生活的活动性课程的引入使学校与社会生活能够相联系。从"教育即生活"到"学校即社会"再到"从做中学"是层层递进的。

杜威之所以提出"教育即生活""学校即社会"，是因为他坚信社会进步及社会改革依赖于教育的变革，教育是社会进步及社会改革的基本方法。他认为社会的改造要依靠教育的改造，希望通过教育改造使社会生活更完善、更美好。

杜威的"教育即生长"实质上是在提倡一种新的儿童发展观和教育观，要求一切教育和教学要适合儿童的心理发展水平与兴趣、需要的要求。杜威的"教育即生长"是内在条件与外部条件交互作用的结果，是一个持续不断的社会化的过程。杜威要求尊重儿童但不同意放纵之，这是杜威与进步主义教育实践的一个重要区别，"教育即生长"所体现出的儿童发展观也是杜威民主理想的反映。从这个意义上看，杜威的"教育即经验的改造"是指构成人的身心的各种因素在外部环境和人的主观能动过程中统一的全面改造、全面发展、全面生长的过程。杜威要求从做中学，从经验中学，要求以活动性、经验性的主动作业来取代传统教材和教学方法的统治地位。这种活动性、经验性课程与学生的生活联系紧密，与学生的生活经验和心理需求贴切，它的范围很广，包括阅读、书写、绘画、唱歌、演剧、讲故事、烹饪、缝纫、印刷、纺织等形式。在杜威看来，这些活动既能满足儿童的心理需要，又能满足社会性的需要，还能使儿童对事物的认识具有统一性和完整性。杜威还认为，学习应该与学生的需要和兴趣相联系，教育应该包括学会和别人相处，学会尊重他人和理解他人。

选择理论认为学校是满足学生需要的重要场所。学生到学校学习和生活，主要的需要就是自尊和归属感等。按照选择理论，教师和教育工作者只有创造条件满足学生对归属感和自尊感的需要，他们才会感到学习是有意义的，才会愿意学习，才有可能取得学业上的成功。

---

① 约翰·杜威. 学校与社会 [M]. 鼓汉良，译. 武汉：长江文艺出版社，2023.

（三）建构主义教学理论

瑞士心理学家让·皮亚杰（Jean Piaget）是建构主义最早的提出者。他通过实验研究认为，环境在儿童的发展中发挥着重要的作用，儿童是在和周围环境相互作用的过程中，逐步形成关于外部世界的概念和知识，也使自身认知结构得到发展。儿童与环境的相互作用涉及"同化"与"顺应"两个基本过程。同化是指把外部环境中的有关信息吸收进来并结合到儿童已有的认知结构中，即"图式"中，同化也是个体把外界刺激所提供的信息结果加工处理整合到自己原有认知结构内的过程；顺应是指外部环境发生变化，而原有认知结构无法同化新环境提供的信息时所引起的儿童认知结构发生重组与改造的过程，即个体的认知结构因外部刺激的影响而发生改变的过程。可见，同化是认知结构数量的扩充，而顺应则是认知结构性质的改变。通过同化与顺应这两种形式，认知个体实现与周围环境的平衡。儿童的认知结构就是通过同化与顺应过程逐步建构起来，并在循环中得到不断的丰富和完善、提高和发展。皮亚杰是从内因和外因相互作用的观点来研究儿童的认知发展的。①

建构主义来源于儿童认知发展的理论，它较好地说明了人类学习过程的认知规律，能较好地说明概念如何形成、意义如何建构、学习如何发生以及理想的学习环境应包含哪些主要因素等。建构主义理论的内容很丰富，但其核心是以学生为中心，强调学生对知识的主动探索、主动发现和对所学知识意义的主动建构。以学生为中心，强调的是学；以教师为中心，强调的是教。这正是两种教育思想、教学观念最根本的分歧点，由此而发展出两种对立的学习理论、教学理论。由于建构主义所要求的学习环境得到了当代信息技术成果的强有力的支持，这就使得建构主义理论日益与广大教师的教学实践普遍地结合起来，从而成为国内外学校教学改革的指导思想。

建构主义的知识观认为，知识并不是对现实的准确表征，它只是人们对客观世界的一种解释、假设或假说，而不是问题的最终答案。随着人们认识程度的深入，它也会不断地变革、升华和改写，从而出现新的解释和假设。知识并不能绝对准确无误地提供对任何活动或问题解决都适用的方法。在具体的问题解决中，需要针对具体问题的情境，对原有知识进行再加工和再创造。尽管通过语言赋予了知识一定的外在形式，并且获得了较为普通的认同，但知识不可能以实体的形式存在于个体之外。这并不意味着学习者对这种知识有同样的理解。真正的理解只能发生在学习者自身基于自己的经验背景下，取决于特定情境

---

① 高文，徐斌艳，吴刚. 建构主义教育研究 [M]. 北京：教育科学出版社，2008.

下的学习活动过程。建构主义认为，知识不是通过教师传授而直接获得的，而是学习者在一定的情境和社会文化背景下，借助他人（包括教师和学习伙伴）的帮助，利用必要的学习资源，通过意义建构的方式而获得的。

建构主义的学习观认为，学习不是由教师把知识简单地传递给学生，而是学生自己建构知识的过程。学生不是简单被动地接收信息，而是主动地建构知识的意义，这无法由他人代替。一方面，学习者使用原有知识建构当前事物的意义，以超越所给的信息；另一方面，被提取利用的原有知识不是从记忆中原封不动地提取，而是得到了重新建构。同时，由于事物存在复杂多样性，每个学习者对事物意义的建构是不一样的，是多元化的。

建构主义学习观还认为，对于客观世界的理解和赋予意义是由每个人自己决定的，学习意义的获得，是每个学习者以自己原有的知识经验为基础，对新信息重新认识和编码，建构自己的理解。人们以自己的经验为基础来建构现实，来解释现实，由于我们的经验及对经验的信念不同，于是对外部世界的理解便不一样。这种学习过程一方面是对新信息意义的建构，同时又包含对原有经验的改造和重组。建构主义者强调学习者在学习过程中形成的对概念的理解是丰富的，有着经验背景的，从而在面临新的情境时，能够灵活地建构起用于指导活动的图式，并不仅仅是发展和建构起供日后提取以指导活动的图式。任何学科的学习和理解都不是从空白做起的，学生的学习会涉及学习者原有的背景知识和认知结构，学习者总是通过自己的经验，包括非正规学习和科学概念学习日常概念，来理解和建构新的知识和信息。学习并不是被动接收信息，而是主动地将新的信息纳入原有图式中来建构意义，是根据学习者的经验背景，对外部信息进行主动的选择、加工和处理，从而形成自己的意义。这种意义是学习者通过新旧知识经验间反复的、双向的相互作用过程而建构的。因此，学习不是像行为主义所描述的"刺激-反应"那样简单，学习意义的获得，是每个学习者以自己原有的知识经验为基础，对新信息重新认识和编码，建构自己的图式和理解。所以，建构主义者关注如何以原有的经验、心理结构和信念为基础来建构知识。学习者原有的知识经验因为新知识经验的进入而发生调整和改变。建构主义学习观强调学习过程中学生的独特性和自主性，强调学习的社会互动性、情境性，强调通过解决问题来学习，基于问题解决建构知识。

学习者以自己的方式建构事物的概念和对于事物的理解，从而不同的人对事物的理解就会不一样，不会有唯一的标准的理解。通过学习者的彼此合作或团队合作，他们对事物的理解更加丰富和全面。在实践中，教育者不能无视学生已有的知识经验、学习背景和文化背景，不能简单地对学习者实施知识的"填灌"和机械重复的训练，而是应当把学习者原有的知识经验和学习背景作为新知识的生长点，引导学习者从原有的知识经验中，生长出新的知识经验。建构主义认为教学不是知识的简单传递和堆积，而是知识的处理、转换和生成，教师不只是知识的提供者，也不是知识权威的象征，而是应该重视和关注学生自己对各种现象的看法与理解，要更多地倾听学生的意见、看法和理解，注意观察和思考他们的思维路径与想法由来，引导学生丰富或调整自己的理解和解释。教学应在教师指导下以学习者为中心，强调学习者的主体作用和教师的主导作用。教师的作用从传统的传递知识的权威转变为学生学习的促进者、合作者和学生学习的高级伙伴。教师是意义建构的帮助者，而不是知识的提供者和灌输者。学生是学习信息加工的主体，是意义建构的主体，而不是知识的被动接收者和被灌输的对象。

建构主义同时提倡情境性教学与整体性的构架。学习者的知识是通过意义的建构而获得的，是在一定的情境下，借助他人的协作、交流和帮助，利用必要的信息实现的。理想的学习环境应当包括情境、协作、交流和意义建构四个部分。学习环境中情境的创设要有利于学习者对所学内容的意义建构。在教学设计中，创设情境有利于激活学生的背景知识，有利于意义的建构；协作应该贯穿于整个学习活动过程中。教师与学生之间的协作，学生与学生之间的协作可以促进学习效果；交流是协作过程中最基本的方式或环节，协作学习的过程也就是交流的过程，在这个过程中，每个学习者的想法都为整个学习群体所共享。交流是推进每个学习者学习进程的重要手段；意义建构是教学活动的最终目标，一切都要围绕这种最终目标来进行。同时，教学应使学习在与现实情境相类似的情境中发生，以解决学生在现实生活中遇到的问题为目标。因此，学习内容和学习活动要选择真实性任务，尽量接近学生的现实生活，教师在教学中不能让学习内容和学习活动远离现实的问题情境。由于具体问题往往都同时与多个概念理论相关，建构主义者主张打破学科界限，强调学科间的交叉。这种教学过程与现实的问题解决过程相类似，所需要的工具、手段和方法隐含于情境当中，教师并不是将提前已准备好的内容教给学生，而是在课堂上展示出与现实中解决问题相类似的探索过程，提供解决问题的原型，并指导学生的探索。主张既要提供建构理解所需的基础，同时又要留给学生广阔的思维空间和建构空间，让他们针对具体情境采用适当的策略。

在教学的设计上，如果教学脱离情境，就不应遵循从简单到复杂的教学程序，而是要给学生直接呈现整体性的任务，让学生尝试进行问题的解决，在这个过程中要求学生自己能够发现完成整体任务所需完成的子任务，以及完成各级任务所需的各级知识技能。教学活动中，因为知识是由围绕着关键概念的网络结构所组成，它包括事实、概念、概括化及有关的价值、意向、过程知识、条件知识等，所以不一定要组成严格的直线型层级。学生可以从知识结构网络的任何部分进入或开始学习。教师既可以从要求学生解决一个实际问题开始教学，也可以从形成一个概念开始，还可以从一个质疑开始。在教学中，首先选择与学生生活背景和经验密切的问题，同时给学生提供用于更好地理解和解决问题的工具。随后让学生单个地或在小组中进行探索，寻求和发现解决问题所需的基本知识与基本技能，在掌握这些知识技能的基础上，使问题得以解决。

从建构主义知识观出发，每个人对知识构建的理解是不同的，知识是个体对现实的理解和假设，受特定经验和文化影响。教师应重视学生学习的个性化特点，要能够因材施教，营造适合学生个性化学习的环境和空间，让每个学生能按照自己的图式建构新知识。从教学角度看，建构主义认为学习是一个能动的过程，在这个过程中，学生主动探索、不断变革，从而建构对客体意义的理解。因此，教学应注意学生学习的有意义建构，启发学生自主建构知识结构。从学习者角度出发，建构主义认为在教学中应充分发挥学生主体地位，强调学生的自主性和能动性，在学习中主动发现问题、分析问题和解决问题。建构主义的教学方法有很多类型，抛锚式教学就是其中的一种主要模型。抛锚式教学要求学生在真实的或者类似于真实的情境中探究事件真相、自主或合作解决问题、构建意义。这些真实的教学内容和教学进程也就确定了，因此这种教学方法称为"抛锚式"教学。它有两条重要的设计原则：一是学习与教学活动应围绕"锚"来设计，所谓"锚"应该是某种类型的个案或问题情境；二是课程的设计应允许学习者对教学内容进行探索。抛锚式教学通常有以下四个环节。一是创设情境。根据学生的发展需求，提供与学生生活背景和知识背景有密切联系并选择出与当前学习主题密切相关的真实事件或问题，即"抛锚"。不过，虽然抛锚式教学以专门的锚作为支持物以启动教学，但同时它鼓励学生自己生成学习项目。二是主动学习。要求学生自主独立地解决问题，包括选择多种可能的解决方案，确定完成每项方案所必需子目标，识别和筛选相关资料，对多种解决方案进行评估等。教师的任务是对学生提供帮助，向学生提供解决该问题的有关线索、思路和工具。三是协作学习。在这种情境教学中，要解决的问题可能会存在多种可能的解决方案。这就要求学习者之间合作协商，通过不同观点之间的讨论与交流，让学生主动、深入地探索解决此问题的多种途径和可能性。四是效果评价。抛锚式教学的基本目的不是提高学生的测试分数而是过程性考查，评估的关键在于考查学生解决问题的能力，包括学生是否能够下定义，是否生成解决问题所必需的目标，以及在此过程中能否与他人有效地交流沟通，是否积极地参与协作和准确明晰地表述自己的观点。因此，教师需要在教学过程中随时观察并记录学生的表现，并引导学生进行自我评价和相互评价。

二、英语学习活动观的内涵与意义

英语学习活动观是指学生在主题意义引领下，通过学习理解、应用实践、迁移创新等一系列体现综合性、关联性和实践性等特点的英语学习活动。在基础教育阶段，要在教学实践中贯彻落实英语学科核心素养，课堂是主阵地，英语学习活动观是保障英语学科核心素养落地的重要途径。英语学习活动观是贯彻落实英语学科核心素养，改变学生学习方式，提升英语课堂教学效果，实现学科育人的重要举措和有效途径。当前课程改革不断深化，英语学科更是处在这场改革的最前沿，承担着自己的责任和使命。

英语学习活动观强调主题意义引领，强调通过学习理解、应用实践、迁移创新等学习活动达成学习目标。它体现了综合性、关联性和实践性等特点，使学生基于已有的知识，依托不同类型的语篇，在分析问题和解决问题的过程中，促进自身语言知识的学习和语言技能的发展，促进文化内涵理解和多元思维发展，促进价值取向判断和学习策略运用。在这一过程中，既实现了语言知识与语言技能的整合发展，也能够使学生的文化意识不断增强，思维品质不断提升，学习能力不断提高。英语学习活动观在指向学科核心素养发展的同时，特别强调了在课程体系中主题意义的引领作用和课程内容的整合性学习，体现了学习的认知层次，即从学习理解、应用实践到迁移创新，也体现了学习活动的本质特征。这三个层次的活动从基于文本的信息输入，到深入文本的初级输出，最后到超越文本的高级输出，以此逻辑进行的发展、提升就能够达成基于内容、聚焦文化、学习语言、发展思维的学习目的，从而落实英语学科核心素养。英语学习活动观的提出为落实课程总目标、整合课程内容、实施深度教学提供了保障，也为改变学生的学习方式，改变教与学的模式，提升英语教学的效果提供了可操作的途径。指向学生学科核心素养发展的英语教学应以主题意义为引领，以语篇为依托，整合语言知识、文化知识、语言技能和学习策略等学习内容，创设具有综合性、关联性和实践性的英语学习活动，引导学生采用自主、合作的学习方式，参与主题意义的探究活动，并从中学习语言知识，发展语言技能，汲取文化营养，促进多元思维，塑造良好品格，优化学习策略，提高学习效率，确保语言能力、文化意识、思维品质和学习能力的同步提升。主题语境涵盖人与自我、人与社会和人与自然，涉及人文社会科学和自然科学领域等内容，为学科育人提供了话语和语境。课程内容的六个要素是一个相互关联的有机整体，所有的语言学习活动都应该是学生围绕某一具体的主题语境，基于不同类型的语篇，在发现问题、分析问题和解决问题的过程中，运用语言技能获取、梳理、整合语言知识和文化知识，深化对语言的理解，重视对语篇的赏析，比较和探究文化内涵，汲取文化精华；与此同时，尝试运用所学语言创造性地表达个人意图、观点和态度，并通过运用各种学习策略，提高理解和表达的效果。

基础教育英语课程要把对主题意义的探究作为教师教学和学生学习的核心任务，并以此整合学习内容，促进学生语言能力、文化意识、思维品质和学习能力的融合发展。主题语境规约着在哪些范围内学习语言知识和文化知识，也为语言学习提供意义语境，并在主题语境中渗透着情感、态度和价值观教育。教育工作者要认识到，学生对主题语境和语篇理解的程度与深度，直接影响着学生的语言学习成效，也影响着学生的思维发展水平。在以主题意义为引领的课堂上，英语教师要通过创设与主题意义密切相关的情境，挖掘主题所包含的文化信息，努力挖掘发展学生思维品质的元素和关键点，以解决问题为目的，整合语言知识和语言技能的学习，将特定主题与学生的生活和背景联系起来，营造学习环境和学习空间，激励学生学习和运用语言，通过自主、合作，探究语言知识、语言意义和语言文化内涵，通过对学生间不同观点的讨论，提高学生的鉴赏能力；同时，通过跨文化学习，比较中外文化，拓展学生多元文化视角，发展学生的逻辑思维和批判性思维。英语教师在主题探究活动的设计上，要注意激发学生主动参与活动的兴趣和积极性，调动学生已有的基于该主题的背景知识和经验，帮助提升学生语言理解和表达的能力，推动学生深度学习，帮助他们形成新概念，丰富人生阅历和发展思维方式，树立正确的世界观、人生观和价值观。在以英语学习活动观为引领的英语课堂教学模式中，学生要以主题意义探究为学习目的，以语篇为载体，在理解和表达的语言实践活动中，通过感知、预测、获取、分析、概括、比较、评价、创新等思维活动，融合知识学习和技能发展，形成文化理解，塑造学生正确的世界观、人生观和价值观，促进学生英语学科核心素养的形成和发展。

英语教学中学生开展的所有学习活动的设计都应以促进学生英语学科核心素养发展为目标，围绕主题语境，基于语篇，通过学习理解、应用实践、迁移创新等层层递进的语言、思维、文化相互融合相互渗透的学习活动，引导学生加深对主题意义的理解，帮助学生在语言实践活动中习得语言知识，运用语言技能，阐释文化内涵，比较文化异同，评析语篇意义，形成正确的价值观念和积极的情感态度，尝试在新的语境中运用所学语言和文化知识，分析问题、解决问题，创造性地表达个人观点、情感和态度。

学习理解类活动主要包括感知、体验与注意、获取与梳理、概括与整合等基于语篇的学习活动。例如，教师围绕主题意义创设语言情境和生活情境，激活学生原有的图式，给学生提供必要的语言和文化背景知识，引出要完成的学习任务和要解决的问题。以此为基础，以问题解决为目的，鼓励学生通过梳理、概括、整合信息，建立信息间的关联，形成新的知识结构，从语篇中获得新知识。在这个过程中，学生感知并理解语言所表达的意义和语篇所承载的文化价值取向。

在英语学科教学中，如何建立学生的学习自信，如何进行学科思想、学科思维的培养以及如何实现知识和观点的展示、交流和分享，这一切都要通过英语学习活动来实现，而不是通过教师的讲授实现的。讲授能解决知识问题，但解决不了能力问题和素养问题。能通过活动的方式解决的问题决不能通过讲授讲解来解决。

英语教师在设计英语学习活动时要注意以下五个问题。①情境创设要尽量真实,尽量接近学生生活实际,尽量接近学生的知识背景,情境创设要力求简洁、有效、直接。②教师要善于充分利用多种资源、工具和手段,例如,会利用思维导图或信息结构图,引导学生完成对信息的获取与梳理、概括与整合、内化与运用,教会学生在新旧知识之间建立联系,归纳和提炼新知识结构。③教师要善于提出有层次的问题,引导学生的思维由低到高稳步发展;同时,教师要启发学生积极参与交流讨论和反思,鼓励学生理性地表达个人的情感和观点。④在情境创设中,教师还要提示学生有意识地根据语境选择恰当的语言形式,确保交际得体有效,同时考虑地点、场合、交际对象、人物关系和交际目的等。⑤充分考虑学生的需求和需要。教育的第一要义是人道,这体现着服务学生,成就学生的思想。我们的课堂教学和活动的设计不仅是为学生的学会而教,更是为会学而教,为创新和自我构建而教,为理解而教,为学生的需求而教。英语课堂教学必须理解孩子、理解生命、理解教学,从学生的需要出发,从学生已有的知识背景和经验背景出发,才会有一个正确的起点。

中学英语教学应从活动观出发,按照内容要求规定的主题语境,设计基本学习单元。以主题为引领,创设有意义的情境,依托多种题材和类型的语篇,使学生通过学习理解、应用实践、迁移创新等活动,学习语言知识和文化知识,发展语言技能,运用学习策略。主题语境、语篇类型、语言知识、文化知识、语言技能和学习策略这六个要素相互关联、整合互动,共同促进英语学科核心素养的形成和发展。

设计学习活动时还需要考虑以下因素。

学生主体。学习的主体是学生,设计学习活动时要考虑和分析学生原有认知水平、学习风格、个性特征等,这是设计学习活动的出发点,也体现了以学生为中心的教育教学理念。

活动内容。活动内容是学习的媒介,教师要在教学准备工作中对活动内容进行认真的选择和组织,教材是活动内容一个非常重要的来源。教师应熟悉教材体系结构和教材内容,为学生学习活动任务的设计挖掘和提供资源。

活动任务。问题和活动任务是学习活动设计的核心,它体现了学习活动的目标与内容。活动任务决定了学生的学习方式,也决定了教师的教学模式。

活动流程。活动的开展需要一定的流程或程序以确保活动的顺利开展和任务的完成。

活动组织。教师要确定学生的活动形式、活动的时间和空间及活动座位的安排。

活动成果。学习活动结束后要对学习活动的成果进行考量,对活动效果进行检测,成果质量直接反映了学习活动的质量。

除此之外，在学习活动中要为学生学会学习创造条件，重视培养学生的学习能力。基础教育阶段是学生学习能力发展的黄金时期，教师要把培养和发展学生的学习能力作为教学的重要目标。帮助学生在英语学习的过程中，学会如何进行自我选择、自我评判和监控，在学习实践中培养学生自主学习、合作学习和探究式学习的能力。自主学习、合作学习和探究式学习是我国近年来发展起来的重要学习理念和学习方式，它们既是学习手段，也是学习目的之一。自主学习关注学习者主动、积极的学习动机和自觉、持续的行为能力；合作学习关注学习者与人协商沟通、建立良好的合作关系、合作完成学习任务的能力；探究式学习注重对思维的品质及对学习过程和概念的探究与发现，是获得结构化知识，发展分析问题和解决问题能力的重要途径。自主、合作、探究式学习对激发学生的学习兴趣，提高学生的参与度，促进师生间、学生间的交流具有重要作用，而学生能否有效地开展自主、合作与探究式学习是衡量他们学习能力发展水平的重要指标。

为培养学生自主、合作、探究的学习能力，教师要为学生创设支持和激励的学习环境，在教学中关注学生是否在合作学习中增强了个体的责任感，是否实现了相互学习、相互促进，是否通过合理分工促进了学生独立思考，是否改善了人际关系，提高了人际交往能力。教师在组织学生开展探究式学习时，要注意内容是否与学生的兴趣和知识基础相符，要关注学生的探究过程，关注学生的结构知识是否形成或得到发展，促使学生在活动中以合作和探究的方式，获得知识，丰富经验，发展技能，提高能力，养成健康人格，强调学生之间的相互促进和共同提高。

同时，在学生的学习活动实践中，英语教师还要正确认识和处理好课标、教材资源、学生这三者之间的关系。课标是教学的标准和依据，引领着教学思想和方向，也指导着我们的教学实践和教学行为；教材资源只是实现课标的范例；学生是课标和教材的载体。课标和教材要通过学生而显现和发挥作用。在现实教学中，很大程度上存在着轻视课标、脱离学生实际的现象，把范例（也就是教材）扩大化、唯一化。

教科书的功能是激活学生自己的思想，得出自己的结论，它是学生学习人类文化的一根拐杖，是实现调动学生心理活动、思想活动，促进学生进行自我建构的一个手段，并不是让学生在头脑中去"复制"教科书所呈现的一切。课堂教学如果脱离了学生这个学习主体，课标和教材也就变得没有意义。在教学中不要被教材和资料专业所捆绑，要树立教学生而不是教教材的思想，充分整合教材资源，找出适合学生认知水平的最优化方案，对教学的诸多元素赋予情感和生活气息，赋予促进个性发展的学习环境和学习平台，在潜移默化中对学生渗透情感的关注、人文的关怀、个性的发展。特别是在教学中不要在挖掘拓展的名义下，把简单的问题复杂化、重复化。其实，教学的本真往往要把复杂的问题简单化。

第二章 核心素养视域下英语词汇教学

词汇是语音和语法的载体，是组成语言的最基本材料。没有词汇，也就无所谓句子，更无所谓语言；没有词汇，任何语言都是不可想象的；没有足够的词汇，就不能有效地进行听、说、读、写、译，就无法有效地用英语进行交际。

第一节 英语词汇教学基础与设计原则

一、中学英语词汇教学设计前期分析

（一）对学生进行分析

对学生进行分析，能够使执教者对其学习的整体状况有一个大致的了解。教师只有掌握了学生的英语词汇学习状况，才能针对学情，科学、合理地对教学活动进行设计。例如，有的偏远地区生源质量相对较弱，学生英语基础相对薄弱，因学校水平差异较大，班级学生的英语水平参差不齐，学习方法和学习态度差异显著，学生基本功不扎实，学习习惯不好，学习约束力和自控力较弱。而中学语言知识量迅猛加大，内容加深，难度加深，尤其是词汇数量加大，这些使得很大一部分学生极度受挫，主动学习能力降低，产生了怕学和厌学情绪。针对这种情况，教师应加强学生的英语词汇基础知识学习，在进行教学设计时，应偏重于基本知识的掌握，随后再进行能力提升方面的设计。

（二）对教学内容进行分析

词汇又称语汇，是一种语言中所有词和词组的总和。词是语言的建构材料，也是最小的能够独立运用的语言单位。词汇中的任何词语都是通过一定的句法关系和语义关系与其他词语建立起一定联系的，并在语境中传递信息。学习词汇不只是记忆词的音、形、义，

更重要的是在语篇中，通过听、说、读、看、写等语言活动，理解和表达与各种主题相关的信息或观点。中学阶段的词汇教学除了要引导学生更深入地理解和更广泛地运用已学词汇外，重点是在语境中培养学生的词块意识，并通过广泛阅读，进一步扩大词汇量，提高运用词汇准确理解和确切表达意义的能力。

传统课堂的词汇教学普遍会让学生和教师备感枯燥乏味。对于 26 个英文字母像数学排列组合般在一起的单词或词组，对于平时根本不会接触的这些词汇，对于这些毫无生机、面目死板的词汇，再加上教师单一的教学方式、冰冷的发音，如果不是为了应付各种英语考试，如果不是学习中的各种"have to"，在各门功课繁重任务的学业压力下，学生基本上不会有丝毫学习英语词汇的兴趣。因为在部分学生眼中，英语对于他们而言是很遥远的，平时生活中除了考试，根本使用不到，在他们看来学习英语付出的回报率很低。但是，英语是中学的必修科目，英语是语数英三大主科之一，英语是现代对外交流的重要语言工具，所以，要学好英语，必须学好作为英语建构材料的词汇，只有掌握和理解了词汇在文章中的具体含义，才能理解词汇在语境中的深层内涵及词汇的文化内涵，即词汇本身所体现的东西方文化差异。学生还要注重掌握记忆词汇的策略，选择恰当准确的词汇与他人交流。

现代认知心理学家普遍把知识分为两大基本类型，即陈述性知识和程序性知识。陈述性知识是用于回答"世界是什么"的知识，是"个人具有意识的提取线索，因而能直接陈述的知识"。从个体知识获得的心理品质来看，则属于通过感觉、知觉、记忆等心理品质获得的知识。程序性知识则是用于回答"怎么办"的问题的知识，是"个人无有意识地提取线索，因而只能借助某种活动形式间接推测出来的知识"。从个体获得知识的心理品质来看，则属于思维活动获得的知识。

词汇知识同样也包括事实性知识和程序性知识两类，一个是有关"什么"的知识，一个是有关"怎么做"的知识。教师在学习内容的选择上，除了教材本身要求掌握的词汇，还可以给学生适当补充和增加课外的词汇。在选择学习内容的时候，教师可以注重选择"怎么做"类型的知识，让学生逐渐学会获取词汇、加工词汇、交流词汇、内化词汇，这一过程也是学习词汇的过程。除使用课本提到的词汇之外，教师还可以根据学习材料中的听力、阅读等出现的重要或积极词汇，或者当前热门或时令话题，或者学生感兴趣的讨论话题，或者学生心得体会或成功失败的经验总结等隐性知识的鼓舞励志话题。这样不仅能帮助学生逐渐增大词汇量，帮助学生在进行书面表达或与他人进行书面交流或口语交流时不再感到词汇贫乏，而且也能让学生积极、乐观、正面地对待人生。

（三）对教学环境进行分析

1. 学校硬件

现在的学校多媒体教学设备配备完备，每间教室都安装有电脑、投影仪、音响和电子白板等多媒体教学设施，方便连接互联网，可以在教室播放微视频，播放 PPT，实施投影等。

2. 学生终端

目前流行的信息化教学需要信息技术的支持，需要通过电脑、手机等电子设备播放微视频，借助网络发送学习文字、视频资料或语音资料。由于家校距离较远，部分学生不得不选择寄宿在校。部分寄宿学生在学校不能使用手机，不能使用电脑或 iPad，不能使用 Wi-Fi，无法连接到互联网。

（四）对教学载体进行分析

1. 导学案

教师可以为学生设计纸质导学案。有关导学案的定义相对较多，有学者认为导学案是教师依据教材的特点和教学的需求站在学生的角度上设计的，是为了引导学生自主学习的方案。它的设计往往建立在教师对学生的实际学习情况有了充分了解和对课程标准、教材内容的分析基础上。

也有学者认为，导学案是通过教师的"导"来引导学生先行尝试，教师再根据学生尝试的结果有针对性地组织教学的"导学"方案，重在"导什么"和"如何导"。导学案强调学生在课前的自主学习以及课堂上的自主探究。教师将从学生在课前的自主学习与尝试中获得反馈，然后进行二次备课。学生通过自主学习与尝试已经掌握的知识，教师在课堂上可以不讲或少讲，要重点讲解和点拨的是学生在反馈中所暴露出的问题、疑难或困惑。通过这种"先学后教""以学定教""当堂训练"的模式，来达到提高课堂教学的针对性和有效性，培养学生自主学习、合作探究能力的目的。

导学案是经教师集体研究、个人备课，再集体研讨制定的，以新课程标准为指导，以素质教育要求为目标编写的，用于引导学生自主学习、主动参与、合作探究、优化发展的学习方案。它以学生为本，以"三维目标"的达成为出发点和落脚点，配合教师科学的评价，是学生学会学习、学会创新、学会合作、自主发展的路线图。导学案实施的高级目标是培养学生的学习能力，为学生的终身学习奠定基础；导学案实施的基础目标是促进学生高效地掌握知识，为后续学习奠定文化基础，在导学案的实施中要两级目标并重。

应用于词汇教学的导学案，应当以学案为载体，以导学为方法，结合教案和学案的优点，实现教师引导学生自主完成学习任务。这里要格外强调，给学生下发的导学案，并不是简单的知识点的纸质灌输，不是把黑板的板书变相转移到印制的纸质学习资料上。导学案的设计是要培养学生的问题意识和思考意识，给学生明确的思维导向，让学生主动学习，最大化地主动参与到教学过程中来。导学案着眼于学生的学，是学生自主学习的指南针。

2. 微信平台

当今社会，互联网技术和信息技术飞速发展，"互联网+"教育蓬勃发展。"互联网+教育"是教育领域的新生态，通过互联网技术，实现教育资源的远程分配，实现在线教育。加上移动终端的大量出现，尤其智能手机已大量普及。教师可以充分利用学生对信息技术的兴趣，让他们好好利用这一现代化的工具，潜移默化地优化学生的英语词汇学习。

教师可以以微信群主的身份建立一个班级词汇学习的微信群，课前通过移动互联网为学生发送课堂相关词汇的已编辑学习资料或学习视频。教师也可以通过微信发布课外的一些有关英语词汇学习的信息和知识，例如，单词的近义词、反义词，固定搭配、句型，谚语或文化背景等，这样可以极大地拓展学生的知识面，挖掘学生学习词汇的兴趣。学生可以利用智能手机、iPad，通过微信进行文字、图片甚至语音的交流。微信平台方便了师生间的交流，还可以给部分内向的学生大胆提问的空间，使其不再害怕或者羞于提问。

同时，微信可以将学习资源得以分享和扩散，让优质教学资源的分享成为可能。利用微信群组，讨论英语词汇的相关问题，对于典型的问题，教师可以展开重点讲解；利用微信朋友圈，可以传播英语词汇的相关知识，将值得的、喜爱的、经典的词汇知识发布在朋友圈；利用经典微信公众号，开展英语词汇教学。当然，这需要教师做好筛选和鉴别后再向学生做好推荐，通过教师的肯定、鼓励，帮助学生更好地扩大词汇知识面，了解更多英美文化背景。

二、中学英语词汇教学设计的原则

（一）主体性原则

主体性原则就是教师在设计编写教案时，必须注重学生的教学主体地位，把学生作为真正的教育教学主体，把学生主动、健康、全面的发展作为英语词汇教学的出发点和终极归宿。英语词汇教学过程中的一切措施和方法，以及为英语词汇教学服务的一切环境和条件都要以学生的个性充分发挥和全面发展为核心而进行设计。坚持主体性原则，关键在于教师教学理念的改变。教师要转变传统的权威式的教学观念，首先就要讲求民主，变教师的讲堂为学生的学堂与教师的讲堂相结合的有效课堂，充分体现学生的学习主体地位和教师的教学主导地位。教师要变片面的知识传授为既有知识的传授又有能力培养相结合的有效课堂，体现新课标的要求，实现素质教育的目的。通过科学的教学设计，有助于变学生的学习负担为学习的乐趣，让学生从沉重的学习和课业负担中解放出来，培养学生的英语词汇学习兴趣。教师在中学英语词汇教学设计过程中要充分考虑学生的主体性作用，充分发挥学生的主观能动性。

教师在教学过程中应注重培养学生的独立性和自主性，引导学生质疑、调查、探究，在实践中学习，促使学生在教师的指导下主动、富有个性地学习。目前，"学生主体、教师主导、发展主线"的"主体性教育"思想已被许多教育工作者所接受，因而，中学英语词汇教学设计必须遵循学生的主体性原则，充分考虑学生的主体性作用。为了促进学生的全面发展，科学设计英语词汇教学活动，从而构建多维互动的教学模式。

教师在中学英语词汇教学设计过程中要考虑到学生主体的个体差异，因材施教。在教学过程中教师应尊重学生的人格，关注学生的个体差异，满足不同学生的学习需要，创设能引导学生主动参与的教育环境，激发学生的学习积极性，培养学生掌握知识的态度和能力，使每个学生都能得到充分的发展。要保护学生的学习兴趣，探索因人而异的教学方式。因此，教师在英语词汇教学设计中要全面了解学生，承认并关注学生的个体差异，发现每个学生的独特性，这是基本的前提。

正是由于学生在思维能力、接受能力等方面存在个体差异性，决定了英语词汇教学不能采取"一刀切""齐步走"的方法。在中学英语词汇教学中，教师要从学生的实际出发，承认学生中存在的差异，因材施教，发挥每个学生的强项，帮助学生树立自信，使每一个学生的创造力都得到充分的发挥。如在开展综合实践活动课时，教师应根据学生的个体差异性，设计丰富的教学方法。对于程度差的学生，教师要给予引导、帮扶和点拨，必要时还要给予示范和释疑。教学设计主要由教师进行，而每个教师又有自己的教学风格和特色，所以在教学设计上就会有明显的差异性。另外，由于教学面对的是一个个不同的学生，他们无论在智力还是能力方面都绝对不相同，对于同一内容的理解也会不相同。因此，在教学设计时要照顾到学生的特点，遵循差异性原则，以学定教，不能整齐划一，应该处理好预设与生成的关系。

学生的英语词汇学习过程必须是在教师的指导下进行，教师作为教学活动的组织者，要充分发挥对学生的指导作用。教师不是简单地把知识传授给学生，而是要把"建构知识"的主动权传授给学生。正所谓"授人以鱼不如授人以渔",教师在英语词汇教学过程中,不仅要传授给学生英语知识,而且要教会学生学习的方法,培养学生正确的态度和学习习惯,使学生在智力、情感、意志、性格等方面得到全面健康的发展。所以,所谓的"教为主导"并不是简单地以教师为中心,它必须是以确认学生的主体地位为前提的"主导";"学为主体"也并不是单一地以学生为中心,它必须是以充分发挥教师的主导作用为前提。"教为主导"和"学为主体"二者之间是辩证统一的,有效的教学必须正确地处理好两者之间的关系。

（二）指导性原则

英语词汇教学设计是在一定的思想指导下,遵循一定的规律进行的。它应该是可操作的,有具体的操作步骤,在实际教学中能够指导教学实践,保证英语课堂教学正常有序地进行。随着素质教育的实施,"以学生为主体,以教师为主导"的教学理念逐渐深入人心,教师和学生在教学中的地位发生了根本的变化,还原了学生的主体地位。学生是学习的主人,教师是学生学习的组织者、引导者、指导者,在中学英语词汇教学设计中,教师应提高对学生学习方法指导的重视。

学习方法的指导是学生自主学习能力培养的核心因素,所谓"磨刀不误砍柴工",方法技巧的掌握使得学生的英语学习过程事半功倍。有关学习方法的知识是学生知识体系中的重要组成部分,也是学生能力结构中的重要组成部分。学习方法的指导是教师教学内容和教学任务的重要部分。重视学习方法的指导是教师教会学生学习和学生学会学习的前提和保证。在中学英语词汇教学设计中,学习方法的指导思想要贯穿始终,教学设计中应包括必要的学习目标的设计、重点难点的提示、学习方法的总结归纳等,形成一条清晰的学习思路,一条明晰的学法线路。随着学生知识体系的建构,学习方法的知识体系也会逐步构建起来,并形成一个科学完整的体系。一旦这样科学完整的学习方法体系建构起来,学生也就掌握了学习的基本规律,领会了学习的门道,为发挥自己的聪明才智提供和创造了必要的条件。

（三）层次性原则

在中学英语词汇教学设计中,教师关于问题的难度、提出方式、情境及媒体设计等必须适应学生的心智发展水平。学生心智发展的现有水平是进行英语词汇教学的客观基础,离开了这个基础或超越了这个发展水平,教学活动必然是盲目的、徒劳无功的。心智发展水平包含两方面的内容:一是学生的身心发展水平,特别是心理发展水平;二是学生现有的知识、经验和技能，特别是系统的科学知识已经达到的水平。

人类的心智发展具有顺序性、阶段性和连续性等特征，正确认识这些特征十分重要。因为英语词汇教学在每一阶段实施的任务和方法，都应该与这些阶段学生的心智发展水平相适应。学生心智发展的顺序性告诉我们，教学要循序渐进，要根据学生心智发展的不同水平，创设相应难度的问题。学生心智发展的阶段性告诉我们，在问题的难度和采用的教学方法上，必须区分学生不同发展阶段的心智水平的不同层次。心智发展的连续性则是"最近发展区"理论的客观基础，它向我们揭示了教学内容适应"最近发展区"的重要性。那些低于学生原有心智发展水平的问题使学生觉得过于简单，失去了探究和学习的兴趣；而高于学生原有心智发展水平的问题，不但不能促进学生英语能力的提高，而且容易使学生产生挫败感，从而降低学生学习英语的兴趣，影响其英语综合能力的发展和提高。在英语词汇教学中，教师要向学生提供在其能力范围内的，又稍微高于学生现有心智发展水平的问题，使学生通过努力学习，不断提高水平。

坚持中学英语词汇教学设计的层次性原则，就是要求教师在认真分析学情（学生的认知特点、规律和已有的学习经验）的基础之上，结合对教材的分析研究，在教学设计的过程中体现学案内容的层次性和梯度性，体现因材施教、分层教学的理念，不断提高英语词汇教学质量。教师的教学设计要力求让学生在"最近发展区"内去主动学习和获取知识。教师进行英语词汇教学设计时，应首先考虑其教材知识的层次性和学生个性的差异性，导学导练部分更应当根据学生的实际情况以适当的梯度形式进行。梯度导学包括基础知识的导学、基本技能的导学和思维创新的导学；梯度导练包括基础知识的导练、基本技能的导练和思维创新的导练。因此，教师在认真研究学情和知识内容的基础上，要注意知识与问题设计的梯度与层次，结合中学学生的基本心理特点，巧妙设置教学情境，循序渐进地引导学生向未知领域进军，逐步解决学生的"最近发展区"的学习要求与"现有发展区"的知识水平之间的矛盾。这种矛盾不断得以解决又会不断出现，学生在这种矛盾不断解决和不断出现的循环往复的学习过程中，不断建构自己的英语知识体系，不断提高英语水平。

每个学生都是独立的个体，同时他们又是一个共同体，这就要求教师在教育教学过程中既要重视学生的个性，又要重视学生的共性。具体表现为既注意对共性的全面培养，又要注意对个性的充分发展，特别要重视对创新思维个性的培养和发展。学生个性表现差异很大，许多优秀的品质往往被学生的个性差异（顽皮、任性、内向等）的现象所遮蔽掩盖，因而学生许多优秀的品质得不到教师及时的刺激和强化，得不到教师及时的赞赏与肯定。所以，教师应当在注重学生整体素质培养的同时，充分注重培养学生良好的个性心理品质，使学生在整体素质不断提高的基础上，充分张扬学生的个性，使学生的创造个性得到充分发展。

（四）创新性原则

中学英语词汇教学设计要突出学生基本英语素养和思维能力的提升，特别是要历练学生的语言思维能力，促进学生的听、读、说、写能力全面发展。这就要求中学英语词汇的教学设计要坚持创新性原则，鼓励学生自主合作探究英语知识，通过自主合作探究的学习方式唤醒学生的创新意识和能动性，为学生的终身学习和有个性的发展奠定基础。

所谓的创新性原则，在中学英语词汇教学中，主要表现为两个方面的创新：一方面是教师的教；另一方面表现在学生的学。教师教方面的创新，首先为英语词汇教学观念的创，只有先有教师创新的教，才有学生创新的学。所以新时代的英语教师不仅仅是一个合格的教书匠，更应该是一名教育的改革家。教师的教，只要有变动，只要有变革，只要有教学方法的新尝试，就是对过去教学活动的思考和反思，就是对新的教学方式的向往和追求。不管教师的教学尝试创新是否成功，结果并不重要，关键在于创新过程的经历。教师的教学必须有创新意识，同时也应善于营造一个有利于创新能力培养的民主和谐的教学环境。学生学方面的创新主要表现为浅层次的学习方法的变革与创新，以及深层次的学生创新思维能力的训练与提高。当然，学生学的创新有待于教师教的创新的先行，以及教师教的创新的胜利成果。

坚持创新性原则，要求教师在教学过程中，尽可能地采用多种形式的教学方法。这样不仅能较好地传授知识，还能成功教给学生学习英语词汇知识的方法，提高学生获取知识的能力。在英语词汇教学过程中，教师要营造一种宽松的、民主的、和谐的气氛和环境，给学生一定的自由度，让学生成为学习的主人，使他们能主动自由地思索、想象、发问、交流。教师为学生提供恰如其分的英语学习情境，有助于激发学生的求知欲，引发学生的学习兴趣，让学生去感悟体验知识形成的过程，引起学生创新思维的感观刺激。教师对学生的创新思维能力的培养起着至关重要的作用，这也是教师教学的重要任务。所以，教师在进行教学设计时，既要重视教师和学生创新意识的设计，又要重视创新方法的设计，教师要善于鼓励学生，对学生的异常思维方式和突出的个性特点要善于理解和引导。只有这样，才能在中学英语词汇教学中不断提高学生的创新能力。

（五）自主化原则

学生是教育的主体，教师设计的词汇教学内容应该充分满足学生的实际需求，要能凸显学生学习的主体性。教师的教，不是简单地向学生灌输知识，而是要向学生教授学习的方法。"授之以鱼不如授之以渔"，做到教是为了不教。狄金森认为，学习者有能力独立做出与学习活动有关的决策并成功实施，通过教师教导与学生自学的共同作用，形成自主学习能力。

要保持学生的持久动力，教师应创造更多的让学生能够运用外语进行实践活动的机会，通过精心设计形式多样的实践活动，让学生有选择地去决定、思考、体验、感悟运用外语所带来的成就感与乐趣。中学英语词汇学习就是要不断挖掘学生的兴趣和潜能，让学生不再被动和被迫接受倾倒的单词；要让学生主动参与课堂讨论和实践，让学生愿意参与课堂，主动探究知识，锻炼学生自我发现问题和解决问题的能力。

另外，学生可以自主选择和把握学习的时间、学习的节奏和学习的环境，可以自主发现和解决学习中的问题，也可以以最适合自己的方式自主完成学习。如果学生缺课，这些错过的课程都可以通过翻转课堂的学习资料，让学生不会有任何耽搁。学生可以开展自主学习，还可以根据自我实际情况调整学习英语词汇的时间和地点；可以在白天，也可以在晚上，还可以在家中，这大大方便了学生对于英语词汇的自主学习。

（六）个性化原则

每个学生英语基本功底情况各异，学习过程中遇到的问题及需要的帮助会千差万别，教师要尽最大能力给予学生最大限度的帮助，对每个学生的需求进行不同分析。教师要多方面帮助学生制订具体详细的学习计划，确定与英语词汇学习目标有关的活动及时间，并指导其对学习进行自我评价和自我监控。教师可以通过小组讨论的方式，让学生相互交流学习策略，了解学生对学习策略的使用效果，并对学生及时进行个别指导，做到个性化教学。

在中学英语词汇知识授课前，学生可以根据自己的英语水平及认知能力合理地使用导学案或观看学习微视频，自主掌控和调节学习进程。在课堂学习过程中，教师可根据不同学生对学习任务的不同完成情况，设计不同要求的教学活动，对于一些共性问题，可以师生共同解决；对于一些个性问题，可以指导部分学生通过自主、合作、探究等方式自己寻求答案，做到学生个性化学习。

新时代的中学英语词汇教学，已经由传统课堂解放出来，由原先教师的一言堂，由教师自顾自地讲授，转换为学生的自主学习；学生可以在课堂自由提出自己的问题，发表自己的观点，提出自己的质疑；教师也从传统课堂中解放出来，不再霸占课堂，教师已经把课堂的主阵地还给学生。在课堂上，教师拥有了大量的时间，可以去倾听，去观察。教师在教室巡视的过程中，需要给予学生有针对性和个性化的指导，解决不同学生遇到的不同问题，这样才能提升不同学生的差异化知识运用能力。

（七）协作化原则

教师可以利用现代信息资源和技术，为师生构建相互协作的教学环境，这也是翻转课堂教学活动得以很好展开的基本保障。无论学生从教师处或者同学处获取学习资源，还是教师给予班级学生实时的词汇学习的指导监督和及时反馈，都非常需要师生之间和生生之间的相互协作和相互交流。

语言是人与人相互交流的工具，单纯的个人学习不能真正品味出语言的魅力，更不能理解英语词汇的真正含义。无论是借助纸质导学案，还是借助互联网的微信群，都需要教师通过设计开放性和启发性的问题，引导学生进行小组的交流和讨论，让每个组员通过语言活动来亲自感受对英语语言的理解和升华。起初，学生或许会受到传统课堂的影响，或许会由于自身语言基本功不高，非常放不开自我，不敢或者说羞于与大家交流。但是随着学习内容和学习成果的不断丰富及学生语言能力的不断提高，学生发现了每个人都有长处，每个人都有自己的短板，大家需要相互协助。在不断体验语言交流快乐的同时，相信学生会越来越愿意进行相互之间的协作互助，在同学之间不断交流和使用已经掌握的词汇。

（八）情境化原则

英语单词的学习绝对不是孤零零的，单独背诵词典、词汇手册或课本生词表的单词会让学生望而生畏。词汇的学习应当做到"词不离句，句不离文"。加上英语词汇本身有别于汉语词汇，二者存在一定的文化差异，所以，教师对于英语词汇的教学需要设定一定的情境，有针对性地把所学词汇放在特定的语境中，以便于学生理解和接受。

其可取之处有三点：第一，它是语境化的，为学习者提供了单词使用及其含义的丰富背景，它的作用是单词配对所不可及的；第二，这是行之有效的教学法，使得词汇学习和阅读这两个活动同时进行；第三，学习者自己根据阅读材料选择学习词汇，所以是更个体化的、以学习者为基础的方法。

教师可根据所学的新词，给学生创设真实情境，鼓励学生积极进行叙事活动，让学生身临其境，能够真切感受词汇的使用语境。要避免没有例句、没有对话、没有语用的情境，应该在话题的支撑下进行，否则，即便学生学到了单词的拼写、读音和词组用法，也无法运用单词。只有在具体的语境中，词汇才具有生命力。

通过一定的语境串联，学生不仅掌握了词汇，而且有益于培养学生的英语思维能力，便于学生在真实环境中能够灵活自如使用，做到学以致用。在课堂上，教师要给予学生机会进行操练，让学生身临语境，调动感官，让词汇学习不再只是枯燥乏味的纸上谈兵。

第二节　英语词汇教学设计模式

教学环节包括课前、课上和课后三个阶段。课前环节，教师提前编制的导学案及通过微信推荐的微视频等学习资料是学生知识建构的基础和保障，也是促进学生自主学习内驱力的重要手段。在课堂上，教师通过词汇展示等活动，为学生提供词汇实际应用的情境，帮助他们通过听、说、读、写，或表演、观看、讨论等感知方式，来完成词汇深度的知识建构。在课后，学生对课堂所学内容进行反思，通过对词汇的巩固练习，做好及时查漏补缺，教师对学生的共性问题要及时总结分析，做到及时反馈，对部分学生的个性问题也要耐心解决，做好个别辅导。

一、课前准备

（一）教师课前准备

1. 设计导学案

词汇导学案是教师根据教学目标和教学内容，根据学生思维发展水平，提前对所学词汇设计导学提纲或相应的学习材料。教师设计词汇导学案的重点应当在学生学习思路的引导上，要具体落实到学习活动及学习目标的问题设计上，确保学习内容提纲化、问题化，使学法指导具体化。

教师不再占用课堂面授中的大部分时间来进行词汇知识的输入、传递，对词汇细化详解，而是通过课前布置导学资源，简要阐明相关知识的导引和学习任务，以促使学生关注文本中的重要和关键词汇，将词汇知识的传输移至课前，由学生自主完成。教师在课前设计词汇导学案时，要注意知识结构框架清晰，这样静态的学习内容才有可能动态化呈现在学生面前。教师可以通过导学案让学生清楚地了解课前的学习任务、学习目标，做到主次分明、重难点突出。例如，教师可以让设计学案中的词汇主题化，这样以点带面地引出单词；教师还可以让设计学案中的词汇内容丰富化，包括单词的词源、单词的文化背景，选取相应的名言名句或诗歌美文。

2. 创建网络交流平台

互联网的飞速发展给我们的生活和学习带来了极大的便利。网络不仅能给我们带来娱乐和放松，更能让我们享受学习英语的便捷。教师可以建立班级交流群，将已经拥有智能手机的学生添加到交流群中，对于暂时没有智能手机或者家长不允许学生使用手机的同学，邀请添加其家长进群。

通过建立班级网络交流群，教师可以通过此平台及时为学生分享词汇学习的微视频等学习资源、发布学习任务等，方便学生进行微课程学习，学习教师布置的词汇教学内容，实现课前知识传输的教学目标。微信群也方便了师生间及时的英语词汇学习交流。例如，借助微信，教师可以跟学生分享精彩的微信公众号"中国日报双语新闻""21世纪英文报""蔡雷英语"等，还可以与学生交流当下中国的"新四大发明"，每日与学生一起学习一句佳句或谚语等。

（二）学生课前准备

1. 学习导学案

学生根据教师预先设计的词汇导学案来预习所学英语词汇，完成相对较低阶段的认知目标，即对文本知识的熟悉和理解。导学案引导着学生课前有效自主学习，让学生积极参与到课前准备，知道如何下手预习，让学生不再对学习感到手足无措或者无能为力，改变或纠正了部分学生以往消极厌学的学习态度。同时，在学生对导学案自主地进行学习和了解的过程中，教师也应当鼓励学生及时记录思想的火花，及时汇总学习过程中遇到的困难或疑惑，及时收集学习过程中的学习收获。

学生对词汇导学案的学习可以运用在家校翻转中，也可以运用在课内翻转中，这两种翻转策略都能帮助学生做好充分的课前准备。家校翻转是指学生在家预先学习教师设计的导学案，可以发挥个性化学习的优势，学生在课堂上提出自我的问题，大家相互探讨，教师也可以及时个别指导；课内翻转，是指学生在课堂上先用前一半的时间自主学习教师设计的导学案，再用课堂的后一部分时间，边学边练，通过 pair work 或 group work 的形式完成高阶的学习任务，实现学生之间的探究协作。教师可以全程参与学生的学习过程，监督每个学生的投入状态。

在自主学习过程中，学生要结合导学案，有针对性地解决导学案中出现的问题。学生对于导学案中的自主学习任务，可以完成得很好，也有可能存在理解的偏差，这都是正常的。通过自主学习导学案，提前清楚课堂将要讲解传授的知识点，发现知识点中自己的盲区，找出疑难问题，做好疑难点的笔记。课堂上教师基本是不用教新知识点的，主要针对学生提出的疑难点进行答疑解惑。

2. 在线学习与交流

学生可在使用移动终端登录微信时，通过教师已经建立好的班级微信群，点击学习教师发布或分享的词汇学习资源，还可以及时点击教师推荐的精彩的微信公众号，以拓展词汇的知识面；根据词性、词语的习惯搭配和主题内容，构建不同词汇语义网，积累词块，扩大词汇量，并在大量的语言学习活动中，强化语感，迁移词语运用能力，最终做到词语内化。

中学生对英语的学习具有主动性、自发性和积极性，他们很愿意接受新的事物，愿意不断地探索和钻研学习中遇到的各种问题，更希望能及时消除学习中的困惑。碎片化阅读成为当前流行的阅读方式，无论是阅读内容、阅读载体还是学习者本身，都成为碎片化的组成部分。微信满足了这样碎片化的学习和交流方式，非常适合碎片化阅读时代学习任务的开展，在忙碌的学习之余，学生有热情随时随地学习英语词汇。微信群能够为学生提供这样一个学习交流的平台，他们可以及时提出学习过程中自己遇到的疑惑，可以通过微信这个载体向教师或同学及时请教；在微信群中，学生也可以通过班级同学的踊跃发言，打开自我思考问题的角度，拓宽自己看待问题的视野。

另外，通过微信，学生与教师之间、学生与学生之间的关系发生了质的改变，个别学生变得开朗，敢于发言，不会再如传统课堂上那样拘泥，而是能够积极发言，甚至使用网络语言，让交流的氛围变得轻松欢畅，内向和拘泥的学生也有了发言的动力。传统课堂40分钟，教师的提问不可能照顾到每一个学生，有的学生甚至从没机会发言提出自己的学习困惑。在课前的微信中，学生可以畅所欲言，用文字提出自己的问题，大家也可以通过查找聊天记录的方式来回看自己需要的聊天信息，非常实用。

二、课上活动设计

（一）学生课上活动设计

1. 提出疑惑

在课堂上，教师要给学生机会，要让学生提出在课前对导学案或是对微信平台提供的学习资料的学习过程中对词汇知识点的困惑，要让学生指出自己在完成词汇练习时碰到的难点或瓶颈，教师甚至还可以鼓励学生对本单元词汇导学案提出中肯的建议。教师要给学生信心，多鼓励学生大胆作答、踊跃发言，这样才能方便教师多从学生的角度出发，多从学生的实际学情出发，来了解学生对词汇学习的真实需求，了解班级大多数学生词汇学习的问题所在，帮助教师摸清学生对待某一问题的疑惑。

2. 小组合作

考虑到大班级授课的实际情况，建议学生尽量按照班级座位就近组合小组，大家以3~5人为一个学习小组，建议前后排座位之间组成小组。组合好学习小组之后，请学生在学习小组中推选出小组长，该小组长要组织、记录和负责好每次的小组活动。

在小组合作互动过程中，每个小组成员都必须提出对某个问题的看法，要与小组其他成员进行意见的交流或观点的互换。每个组员都要积极参与小组的活动，要在小组内有事情做，不可以走神，不可以漠不关心。要积极参加小组的讨论、辩论、表演、歌曲等活动，组员要有集体荣誉感，为小组活动积极献计献策。在与同组成员交流的过程中，也不断会激发出思想碰撞的火花，学生会对事物的看法豁然开朗。

另外，在学生进行小组交流的过程中，也有可能再次出现解决不了的难题，这需要再与班级其他小组成员一起探讨，小组间再进行讨论，需要全班同学的相互启发、相互引导，大家集思广益，彼此在实践中得出知识。如果小组间都难以解答的问题，可以由小组长将各组的问题汇总，由英语课代表再统一反馈给教师。

教师要归类整理学生课前自主学习后集中反馈的问题，鉴于每个学生的基础差异，在组内沟通，教师统一讲解后，部分学生或许还会有不理解的地方，教师要给学生时间提问，或者给予一对一的帮助。教师还可以根据大家对单词的掌握情况，确定出有意义的、有探究价值的问题，供大家在课堂上一起讨论。在词汇的学习过程中，也可以让学生完成单词或词组填空，以判断学生对其二者的词义或使用方法区别的掌握程度。

3. 展示操练

学生将课前自主学习到的新知识和新技巧在课上进行实际操练，教师通过学生在课堂的具体操练情况，可以判断学生对所学相关词汇知识的具体掌握程度。教师对学生课前的碎片化学习、碎片化知识摄入，要在课堂上正确导引，进行词汇知识的梳理、归纳和整合，帮助学生最终到达知识的内化。

教师提问，学生回答；或者学生提问，教师回答；也可以通过学生 pair work 或 group work 等互动形式。学生在课堂上展示交流的顺序是先小组、后全班，大家先以小组为单位进行组内交流展示，然后各个小组再选派组员代表再在全班进行交流，展示学习成果。

要能达到自如运用这些词汇需要教师讲解，更需要学生课内的实践操练。教师可以安排学生口头展示，或者黑板书写展示，这样更容易清晰地暴露学生在知识应用中容易犯的错误。例如，教师可以听学生的单词拼读，了解学生对该单词的音标掌握是否标准；可以通过学生的造句，了解学生对单词词组或固定搭配的使用是否正确；还可以就文章的标题或文章中有争议性的问题，提出并让学生积极参与讨论，让大家畅所欲言，集思广益。这样的讨论不仅能让教师了解学生对文章中所学生词的读音是否正确，词组搭配是否准确，还能进一步查看学生对文章主题的挖掘探索，同时也是学生互相交换观点的好机会。

（二）教师课上活动设计

1. 解答疑惑

翻转课堂上，教师不是在给学生讲授新知识，而是在针对学生的问题进行答疑解惑。教师从学生的实际出发，启发式回答学生的问题，对学生提出的疑点或难点必须一一解释清楚，不能模棱两可，更要避免"填鸭式"教学，不能倾倒式输出，一下给学生讲授很多单词，要采用启发式和讨论教学法。翻转课堂模式下，单词的学习不是依靠转换形式的板书——打印好的导学案，有学生只是纯粹地背诵导学案上呈现出的单词的用法讲解或者例句。教师要引导学生在课堂上深度探讨问题，单词的教学活动要引导学生主动思考，为了加深其认知过程和知识的内化，教师可以结合学生的生活实际，为学生创设情境，构建词汇进行学习，注重语用教学，将英语词汇与学生生活实际相结合，用生活中的例子深入浅出地来解释词汇的疑难点。

另外要注意一点，教师对学生已经掌握的知识无须重复讲解，毕竟学生每天课外学习的时间很有限，学习英语的时间也是有限的。教师一定要充分利用宝贵的学习时间，帮助学生实现英语词汇的情境化和个性化学习，在课堂进行及时答疑或现场辅导，有针对性地对学生课堂完成的学习任务或学习作品进行适时点评，对学生取得的成绩给出鼓励和正面引导，同时根据学生课堂提出问题的实际情况进行课堂拓展。对于小组成员合作探究过程中，个别学生偏离主题的思考或言谈，也非常需要教师适时地加以指导和点拨，促进学生对词汇知识的理解。

2. 拓展强化

教师指导学生完成知识点的综合运用等任务，呈现进阶词汇学习任务完成过程的共性问题，对学生学习活动中掌握不到位的地方及时给予释疑，同时根据学生课堂中所提出问题的实际情况进行课堂拓展，引导学生主动思考和深入探索学习中遇到的问题，适当加深难度，为学生设计拓展练习，提升对该词汇学习的掌握度。

三、课后巩固设计

（一）教师课后总结

教师在课后要带领学生做好翻转课堂的总结分析工作，对学生的学习情况进行客观的点评，对学生本单元的词汇学习情况、词汇练习与实际运用情况给予及时的反馈，对于学生在学习中有待改进和改善提高的地方及时给予指导。教师要帮助学生梳理课堂解决的疑惑点，要深入分析学生学习单词的突出问题，引领学生复习易错点和易混点；要帮助学生清晰区别和判断，避免各个知识点的混淆，完成本节课词汇学习的操练和运用。此外，教师通过课后巩固环节，还要带领学生整理重难点，可以对疑难点设计多种形式练习，让学生反复不断操练，还可根据实际需要，对学习依然存在问题的学生进行个别辅导。

（二）学生课后巩固

学生根据教师评价反馈对课堂内容进行温习和巩固，尤其关注好重难点，做到牢固掌握知识，以完善知识体系的构建。学生通过完成课后练习，不断地操练，将难点弱化，熟能生巧，最终做到熟练驾驭。对于一些较难掌握的知识点，对学习依然存在问题的个别学生，可以依旧以学习小组的形式，组员之间相互协助、互相帮助的形式，或者通过小组讨论。学生通过组员的帮助，用学生之间无代沟的语言，更容易交流的话语，遣词造句，最终更轻松地理解英语单词的用法，进一步内化知识。

建构主义理论认为，要想使学生能够实现对知识的自我建构与内化吸收，还需要学生能够在学习中学会不断反思。在翻转课堂模式下，坚持课后反思，可以让学生及时认识到并及时理清自我在词汇学习中所存在的问题与不足，做到及时纠正错误，查漏补缺，更好地实现对词汇知识的巩固和内化，为下一步学习打好基础。学生可以复习导学案或者温习教师设计的相关练习，了解自身对词汇的掌握情况，发现自己的学习不足，以提高英语词汇的应用水平。

在中学英语词汇的学习中，会大量出现相似易混的重难点，如果不理解或者不细心就会造成错误。通过翻转课堂的教学，学生亲身体验和实际操练后更能清晰感触到作为使用工具的英语的重要性，在今后的口头表达和书面表达中都会更加认真用心。

第三节　英语词汇教学设计方法

后现代主义思想认为世界是多元的，中学英语教学不能把学习者视为单纯的知识接受者，而更应看作知识的探索者和发现者。因此，中学英语词汇教学不仅要注重结果，更要注重过程。教学过程是教师的"教"与学生的"学"相结合、相统一的活动过程，即教师指导学生进行学习并掌握一定的知识和技能，获得身心的发展，形成一定的思想品德的活动过程。教师的教和学生的学是教学过程的主要矛盾，在教学过程中，教师发挥主导作用，学生占主体地位，构成了双边互动的矛盾关系。建构主义认为，真实情景中的教学活动是一个非常复杂的生命过程，总是充满各种变动因素，不可能完全按照预先安排好的计划进行，需要教师根据具体发生的情况进行调整，因此，教学过程必然是富有生命力的、动态的、变化的，具有鲜明的情境性、生成性。一方面，随着学习的进展而不断产生新的问题，不断获得新的经验；另一方面，还要根据周围环境条件的变化情况不断调整学习思路和学习方法。整个学习过程是一个非线性的、非预期的，不断生成和演进的过程。因此，教师应根据教学活动的以上特点，科学设计英语词汇教学活动，保证英语词汇教学的有序展开。英语词汇教学设计的具体策略如下。

一、树立先进的教学理念

一线英语教师应转变和提升专业态度，加强教育教学理论知识的储备，深入理解中学英语课程标准的相关理念，站在理论的高度审视自己的英语词汇教学设计。教师应具备先进的教育思想，而且能把这种思想转化为教学行为，使他们站在理论的高度进行英语词汇教学设计。在科学的理论指引下更好地进行英语词汇教学设计是深入实施英语新课程改革的关键所在和基本保证。确立正确、科学、面向未来的教育理念是英语教师的职责，更是提高英语教师素质的起点。只有用新的教学理念诠释中学英语课程，英语教师才能抓住课程改革的灵魂。所以，英语教师要以中学英语新课程标准为指导，深刻把握英语教育的实质，在教学设计中渗透先进的教学理念。

广大一线英语教师由于种种原因，教育教学理论修养普遍比较缺乏，教龄短的教师进行教学设计时主要依靠模仿，教龄较长的教师进行教学设计主要凭借个人经验的积累，相关教学和学习理论知识储备不足，这直接导致在进行英语词汇教学设计时经验主义和拿来主义盛行，不管是否符合自己所面对的学情，不管是否符合自己的教学风格与能力，只要有现成的教学设计，一切皆是采用拿来主义。如此这般，怎么能提高课堂英语词汇教学效率，怎么能促进学生的全面发展呢？

从现代教师论的发展看，当今教育界的一致观点是，教师也是一种专门职业，是一种必须经过持续不断的严格专业训练而获得专门知识和技术的职业。教育专家认为，应突出教师职前教育与职后学习的一致性，特别强调职后学习的重要性远远超过职前教育。他们认为，大学阶段的学习并非一个教师完成教育，而是为以后的在职学习提供基础教育。因此，作为一名现代英语教师，不仅要通晓英语专业知识，而且要掌握系统的教育理论，尤其是教学理论、学习理论和学习心理学理论，以便减少工作中的盲目性，增强自觉性，促进教学活动的有序展开。同时，教师要深刻理解中学英语课程标准的相关理念，在进行教学设计前多学习新课标，依照新课标的理念与要求进行英语词汇教学设计。只有在相关科学理论的指引下，站在理论的高度，用理论来引领实践，才能使英语词汇教学设计有所依据，才能进行高质量的英语词汇教学，才能更好地帮助学生发展自我、实现自我。

二、准确分析学生学情

学生是教学的对象，是教学活动的主体，也是教学效果的体现者。不了解学生，则教学目标、方法都会失去针对性。因此，从这个意义上讲，充分了解学生的差异性是好的教学设计的前提。了解学生的差异性主要是了解学习者的学习准备情况和学生的认知风格。

第一，学生的学习准备情况分析。学生的学习准备是指学生在学习新的知识前，原先已经具有的知识储备和形成的技能水平或以前的心理发展水平对即将进行的新学习的适应性，学生已经具备的学习状态是新的教学活动的出发点。学生的学习准备情况有以下两种：一是学生的初始能力；二是对学生学习新知识有较大影响的心理、生理及社会特点。学生的初始能力是指学生在开始新的学习前，原来具有的关于学习内容的认识、技能、态度，对于教学过程而言，这便是教学起点。因此，制定中学英语词汇教学目标要结合中学生的特点进行分析，了解学生在知识技能上已达到何种程度，对于本内容的学习所需要的情感态度和学习方式都有哪些准备等，使教学设计符合学生的学习准备情况。

第二，学生的认知方式差异分析。认知方式又称认知风格，是指个体在认知活动中加工和组织信息时所显示出来的独特而稳定的风格，持久性与一致性是认知方式的主要特征。常见的认知方式差异类型主要有场依存型和场独立型、沉思型和冲动型、整体型和序列型、辐合型和发散型。这些认知方式会影响学生对认知通道的选择，对学习环境的选择，对学习内容组织程度的偏好，也影响学生对学科选择的偏好。因此，英语教师在进行教学设计前必须根据学生的认知差异设计教学活动，努力做到因材施教，以促进学生的更好发展。

三、科学制定教学目标

教学目标是在教学活动中师生双方预期达到的教学效果，教学目标对教学活动都具有导向、激励和评价功能。没有目标的教学是盲目的，任何一种教学设计都是为完成一定的教学任务而设计的。当师生明确教学目标后，学习组织形式的设计、教学策略与方法的设计等一切活动的设计最终都指向一定的教学目标，教学目标是教学设计的归宿。

教学目标不仅是教学活动的预期结果，而且是教学活动的调节者。对优秀教师的教学经验和教学论的研究表明，合理的教学目标能够最大限度地调动学生的积极性，促进教学活动朝着预期的方向发展。教师设计教学目标时应该注意以下四个方面。第一，对象的表述。教学行为目标描述的是学生的行为，而不是教师的行为。第二，行为的表述。行为动词用以描述学生所形成的可观察、可测量的具体行为。第三，条件的表述。它是影响学生产生学习结果的特定的限制或范围。第四，标准的表述。它是用以测量学习表现或学习结果所达到的程度。

建构主义认为，只有学习者清晰地意识到自己的学习目标，并形成与获得所希望的成果相应的预期时，学习才可能是成功的。而学习任务的设计是教学设计的重点之一，它为学习者提供了明确的目标，使学习者完成复杂的任务成为可能，最终达到教学目标的要求。同时，建构主义认为整个学习过程的最终目标是实现对知识的意义建构，教学目标设计要遵从以下三个方面：首先，要从创设有利于学生意义建构的情境开始，整个教学设计过程紧紧围绕"意义建构"这个中心而展开；其次，要考虑学习者这一主体；最后，还要尊重学习主体本身内在逻辑体系特征。

在传统英语词汇教学设计中，教学目标的设计往往只追求知识和技能目标的设计，而忽略过程与方法目标、情感态度与价值观目标的设计。在教学设计上，教师注重知识的灌输，而对学生进行自主性、探究性的学习比较忽视，课堂上缺少讨论和互动。英语词汇教学设计不仅包括对英语知识和技能的教学设计，同时也是一种创造性的实践活动，也有过程与方法、情感态度与价值观方面的内容，在教学活动中需要学生自主合作探究英语知识。为了让学生实现对所学知识的"意义建构"这一最终目标，教学目标的设计应从知识与技能、过程与方法、情感态度与价值观这三个维度进行设计。在整个教学过程中，教师是组织者、指导者和帮助者，教师可以通过创设教学情境等方法，充分发挥学生的主动性，实现对知识的意义建构。相比知识和技能的目标，过程与方法、情感态度与价值观目标的设计是三维目标设计中更为深层次的，教师在设计教学目标时，要统筹兼顾，不可偏废其一。

中学英语新课程更加关注学生的学习方式、学习能力及学生情感态度和价值观等品质的发展。三维目标的确立让教师既能相对量化地评价学生的英语知识与技能，又能用相对质性的方法关注学生的学习过程与方法、情感态度与价值观的成长与发展。教学目标起着支配和指导教学实践活动的作用，确定教学目标是我们在设计教学活动中首先要考虑的问题。教学目标的设计应以"学"为中心，为学习者提供明确的学习目标，使学习者有明确的学习方向。学习任务代表某种连续性的复杂问题，建构主义强调要解决真实环境下的任务，在解决真实任务过程中达到学习的目的。

建构主义教学设计研究者认为，在设计学习任务时，应注意如下要点：为学习者提供的活动应该与现实世界具有相关性；学习者面临的是一个整体的、复杂的研究任务；给学习者提供定义任务和分解任务的机会，以便开展学习活动；学习者有持续性的学习实践；给学习者提供甄别信息的时间；学习者有协作学习的机会；学习任务具有跨学科领域性和整合性。一个好的教学目标应该是有挑战性的、可行的、有趣的，能体现建构主义的思想，能促使学生在学习中运用高阶思维能力对信息进行深度加工。

在传统中学英语词汇教学中，教师往往要求所有学生在同一时间内完成相同的作业或任务，忽视了学生的主体性和差异性。而英语新课程倡导为学生设计多样化的、具有挑战性的学习任务，给学生布置学习目标，让学生明确学习任务。这就要求学生调动自己的所有技能，通过采用自主学习、小组合作、探究性学习和"做中学"等学习方式，努力完成学习任务。教师设计的学习任务难易度要适中，任务过于简单，对学生来说太没有挑战性，学生的成就感也会很小；任务过难则会使他们产生挫败感。因此，在设计学习目标时，教师要平衡学习的难度和挑战性的程度，挑战性适当，这样才会激发学生的兴趣，才能调动学生的积极性和主动性。

四、恰当安排教学内容

教学内容的安排方面既要重视预设，但更要重视生成，使预设和生成共同服务于学生的发展。在课前，教师要对课堂教学内容进行预设，即对教学内容的规划和安排，这是教师备课的重要组成部分，教师在课前必须对教学内容有一个清晰的、理性的思考和安排。在课堂上，师生按照课前的设计展开教学活动，保证教学活动的计划性和有效性，使学生获得预设性的发展，这是保证教学质量的基本要求。所谓生成，是指师生教学活动离开或超越了原有的思路和教案，学生获得了非预期的发展。新课程的课堂教学不应该是一个封闭系统，也不应拘泥于预先设定的固定不变的程式。预设的教案在实施过程中需要开放地纳入直接经验和弹性灵活的成分，教学目标必须潜在和开放地接纳始料未及的体验。因此，教学内容的安排应以预设为基础，保证预期教学目标的达成；教学内容的安排还要以生成为导向，提高预设的针对性、开放性、可变性，让预设和生成共同服务于学生的发展。

另外，教学内容的重难点要突出。由于课堂教学时间有限，教师在设计一节课的教学内容时，不可能面面俱到，这就要求教师设计的教学内容要有所侧重。对于教学中的基本知识，教师应保证所有学生都要掌握；对于英语词汇教学中的重难点知识，教师要详细讲解；而对于一些只需要学生简单了解的知识，教师就可以花费少量的时间和精力进行讲解。这样不仅能使教学内容重难点突出，也给学生指明了学习的重点和方向。

五、科学设计教学策略

教学策略是教师对教学活动采用的教学程序、方法、形式和媒体等因素的总体思路、谋略或智慧。不同的教学观念会产生不同的教学策略，因此，教学策略是在一定的教学观念指导下，处于整个教学活动中核心地位的一个概念。教学策略有广义和狭义之分，广义的教学策略包括教的策略和学的策略；狭义的教学策略仅指教的策略，这里所讲的教学策略主要是狭义的教学策略，即"教"的策略。教学策略的设计是促进学生完成意义建构的关键性环节，教学策略的设计要以学生为中心，要求学生由知识的被动接受者转变为知识的主动建构者，要求教师由知识的传递者、灌输者转变为学生主动建构意义的帮助者、促进者和引导者。教学策略的设计应体现以"学"为中心的特点，其着眼点是如何帮助学生"学"，设计者应根据不同的学习内容以及教学中遇到的不同情况，对教学策略做出不同的设计和选择。教学策略的设计应有助于发挥学生的主动性，要能体现出学生的首创精神，让学生有多种机会在不同的情境下去应用他们所学的知识，让学生能根据自身行动的反馈信息来形成对客观事物的认识和解决实际问题的方案（实现自我反馈）。在教学策略的设计中，比较常用的、有影响的教学策略主要有支架式教学策略、抛锚式教学策略、随机进入教学策略等。这些策略是学生充分发挥主动性，体现学生主体地位的重要保证，也是学生自主建构英语知识的基础。

（一）支架式教学策略的设计

支架式教学策略来源于"最近发展区"理论。学习者有两种发展水平：实际的发展水平和潜在的发展水平。实际发展水平是指个人当前的智力水平和解决当前具体事物的能力；潜在的发展水平即个人在教师或更优秀的同学的帮助下，能够达到的能力水平或取得的成就，学习者实际发展水平和潜在发展水平之间的区域就是"最近发展区"，而学习者实际发展水平与潜在发展水平之间的状态是由教学决定的。当学生在学习过程中遇到困难时，教师及时给予学生一定的帮助和支持，为学生提供"支架"，让学生像沿着脚手架那样一步步向上攀登。在教学策略的设计中，教师要向学生提供一些与教学内容相关的学习资料，鼓励学生自主学习和构建知识。学生遇到难点时，教师帮助学生答疑，解决学生的困难，然后学生根据新的问题独立寻找学习资料。"最近发展区"意味着学生的发展可能性和潜力。实践证明，学生的潜力无限，当学生遇到困难时，只要教师给予适当的支持和引导，学生的潜力往往会出乎预料。

（二）抛锚式教学策略的设计

抛锚式教学策略使学生在一个完整、真实的问题背景中学习，并通过镶嵌式教学以及学生间的合作学习，亲身体验从识别目标到提出并达到目标的全过程。抛锚式教学遵循两条重要的设计原则：第一，学习与教学活动应围绕某一"锚"来设计，抛锚式教学提倡以真实事例或问题为基础（作为"锚"）；第二，教学设计应允许学生对教学内容进行探索，使学生在真实的问题情境中探究知识。教师首先要向学生布置任务，即"抛锚"，让学生明确目标、任务和必须遵循的规则，然后引导学生主动探究，高效完成学习任务。抛锚式教学对教师提出的最大挑战之一就是角色的转换，即教师应从信息提供者转变为学生学习的引导者，同时教师自己也应该是一个学习者，与学生共同完成教学任务。

（三）"随机进入"教学策略的设计

"随机进入"教学策略是指学习者可以随意通过不同途径、不同方式进入同样教学内容的学习，从而获得对同一事物或同一问题的多方面的认识与理解。学习者通过多次"进入"同一教学内容，就会对该知识内容比较全面而深入地掌握。这里的每次进入都有不同的学习目的，都有不同的问题侧重点。因此，多次进入的结果绝不仅仅是对同一知识内容的简单重复和巩固，而是使学习者获得对事物全貌的理解与认识上的飞跃。首先，让学生以自主学习的方式搜集资料，展开研究，最后交流展示，使学生对教学内容有一个初步的认识和了解。其次，为了促进学生对教学内容的进一步了解，教师可以组织学生分小组进行讨论。最后，教师对学生进行适时的指导，加强师生间的沟通和交流。通过反复研究和讨论，集思广益，加深了学生对知识的理解。

六、合理设计学习方法

学习方法是学生为达成学习目标和学习任务而采用的方法，转变学生的学习方式是我国当前英语新课程改革的焦点。基础教育课程改革纲要中指出，要改变课程实施过于强调接受学习、死记硬背、机械训练的现状，大力提倡学生主动参与、乐于探究、勤于交流，全面提高学生英语的听、说、读、写能力，以及与他人交流与合作的能力。中学英语新课程倡导新的学习方式，如自主学习、合作学习等学习方式。建构主义理论强调以学生为中心，学生是知识意义的主动建构者，学习是学习者通过自主活动主动建构知识意义的过程，突出了学习者在认知过程中的主观能动性，强调学习者之间的"协作"与"会话"。这与当前我国新课改倡导的自主学习、合作学习等学习方式有着异曲同工之妙。另外，建构主义认为，学习的目的不仅仅是让学生懂得某些知识，而是能真正运用所学知识去解决现实世界中的问题。学习者要想完成对所学知识的意义建构，最好的办法就是让学习者到现实世界的真实环境中去感受、去体验，通过直接经验去学习，而不是仅仅聆听别人关于这种经验的介绍和讲解。

（一）自主学习的设计

建构主义认为，自主学习实际上是学习者根据自己的学习能力、学习任务的要求，积极主动地调整自己的学习策略的过程。自主学习要求个体对为什么学习、能否学习、学习什么、如何学习等问题有自觉的意识和反应。教师首先给学生布置学习任务书，即"抛锚"，然后鼓励学生以自主学习的方式，凭借自己的主动学习、生成学习，完成各项学习任务。学生在学习过程中遇到新的问题，要主动通过互联网或书籍查阅相关资料，从而学会自己解决问题，遇到疑难问题可以请教教师。在每次讲课前，学生需要自主收集相关的学习资料，有时还要做相关的调查研究，为课堂自主学习做好准备。自主学习以学生发展为本，注重培养学生自主学习能力和英语素养。

（二）合作学习的设计

合作学习是针对教学条件下学习的组织形式而言的，与合作学习相对的是个体学习。合作学习是指学生在小组或团队中为了完成共同的任务，有明确的责任分工的互助性学习。教师应根据教学内容为学生设计多项合作性的任务，激发学生合作学习的兴趣。科学的合作学习组织形式的设计增加了学生共同参与以及会话交流的机会，给学生创造了一个合作学习的环境。鼓励学生以合作学习的方式共同完成各项学习任务，符合英语新课程标准的精神，不仅有助于学生深入理解英语知识，也有助于培养学生的沟通能力和团队协作能力。

（三）"做中学"的设计

在英语词汇教学方法的设计中，教师可以引导学生通过"做中学"的方式获取直接经验，体验新课程的理念和方法。教师进行教学设计时，要根据学生的年龄特点，设计生动有趣的教学策略，要写出具体启发引导的做法，收集相关教学资料，做出 PPT 等。在"做中学"教学策略的设计中，教师要让学生明确自己的目标、任务和必须遵循的规则，让学生体验新课程倡导的先进的学习方法，改变传统被动的学习方式，充分调动学生学习的积极性和主动性。教学设计是需要不断完善的，教师应认真学习新课标理念，学习先进的教学设计方法，不断在教学实践中总结经验，使教学设计更好地服务于教学活动。

七、科学设计教学评价

教学评价是指以教学目标为依据，制定科学的标准，运用一切有效的技术手段，对教学活动的过程及其结果进行测定、衡量，并给予价值判断。教学评价是教学活动中不可缺少的一个基本环节，它对教学活动起着调节和控制的作用，有助于确保教学活动向预定教学目标前进并最终达到该目标。因此，教学评价是保证教学质量的一项重要措施，是改进教师教学的重要环节。设计科学的、可操作性的教学评价机制，有助于对教学活动进行调控，是提高教学质量的必由之路，也是教学设计中亟待解决的问题。教学评价是以一定的方法、途径，对教学计划、教学目标、教学活动过程和结果做出判断的过程。教学评价按评价功能，可分为诊断性评价、形成性评价和总结性评价；按评价基准，可分为相对性评价、绝对性评价和个体差异评价；按性质划分可分为量化评价和质性评价。所谓量化评价就是力图把复杂的教学现象简化为数量，根据量化的数据进行分析、比较，推断某一价值对象的成效，是一种定量化的评价方式，而质性评价强调过程的评判而非学习的最终结果。

在传统的中学英语词汇教学评价中，教师是评价的主体，强调甄别与选拔，这种单一的评价方式限制了学生多方面的发展。而中学英语新课程的教学评价关注学生的全面发展，评价内容不仅关注学生的知识和技能的获得情况，更关注学生学习的过程与方法，以及相应的情感态度和价值观等方面的发展。教学评价改革的发展趋势是以质性评价为主，评价的功能由注重结果向过程和结果并重转变，既重视学生在评价中的个性化反应方式，又倡导让学生在评价中学会合作，强调评价问题的真实性、情境性，不仅重视学生解决问题的结论，而且重视得出结论的过程。教师要运用多种评价方式，重视过程性评价，重视学生的情感体验与发展，实现评价主体的多元化。

中学英语新课程中的教学评价具有以下三个方面的特征。首先，诊断性和反思性是评价的重要组成部分。这就意味着学习者必须从事自我监控、自我测试、自我检查等活动，以诊断和判断他们在学习中所追求的是不是自己设置的目标。其次，注重评价主体的多元化和评价方式的多样化。传统的中学英语词汇教学评价主要是以教师的结果性评价为主，评价主体和形式较为单一。新课程标准充分尊重学生的主体地位，遵循学生的认知规律和特点，倡导评价主体和形式多元化。最后，结果性评价和过程性评价并重。所谓过程性评价是在某项教学活动的过程中，为使活动效果更好而进行的评价，它能及时了解阶段教学的结果和学生学习的进展情况、存在问题等，以便及时反馈，调整和改进教学工作。可见，英语新课程的教学评价观提倡以学为中心的理念，更加关注学生的发展。中学英语词汇教学评价设计的方法具体如下：

（一）教学评价内容的设计

教学评价主要是对学生学习过程的判断，而不仅仅是教学结果。对学生的学习情况的评价不应该独立或分离于课堂常规活动之外，而应将评价与常规活动直接联系起来。英语新课程的教学评价，在评价内容上一改过去仅仅以传统的测验作为对学生进行评价的唯一标准，而是将传统的测验与英语词汇教学过程中学生的表现，以及学生的作业情况相结合进行综合评价，既有量化评价，又有质性评价。在评价标准中，教师为学生设计了多样化的评价内容，评价内容和标准的设计一方面对学生的学习起到一定的制约作用，让学生感到压力和挑战性；另一方面，让学生体验到一种成功感，激发了学生的自信心和兴趣。

（二）教学评价主体的设计

传统的英语词汇教学评价主体以教师为主，缺少学生的自我评价和对他人的评价。而英语新课程倡导开放的学习过程，遵循评价主体的多元化原则，评价主体由以教师评价为主，转变为教师评价、学生自评和学生互评相结合的形式。

英语新课程标准要求改变学生被动接受的学习方式，充分发挥学生的积极性和主动性，使学生学会学习。而自我评价是学生学会学习的重要标志，学生通过自我评价进行自我反思、自我分析、自我判断，学会自己发现问题，提高自主学习的能力。每堂课结束后，教师要引导学生对自己表现进行认真反思和总结，谈谈自己对学习英语新知识的认识和体会，对自己的学习任务的完成情况进行自我评价。

教师可以让学生形成教学评价小组，各小组成员进行教学互评。每位评价组成员需要填写评价组评议书，对每位同学的表现打分，还要写出书面评语，包括对课堂学习的整体表现进行综合评价，写出学生在获取新知识过程中取得的进步和不足。评价小组成员还可以针对本课内容进行提问，以检测学生的学习效果。各小组成员间互评完毕后，由评价组组长汇总出组员的学习情况，并交给教师。通过学生间互评，能使学生真正参与到评价中，成为评价的主体。学生之间通过协作会话，相互评价，既促进了小组的合作学习，也能使每个学生看到他人的优势，反思自己的不足。

在进行教学评价时，教师的评价必不可少，教师应根据学生的表现指出其优点与不足，同时补充遗漏的知识点。教师对学生出色的表现应进行及时反馈与表扬，为学生提供学习的内部动机；而对不太理想的表现也要给予及时反馈，让学生明白哪些地方需要进一步改进，不断提高教学效率。多元化的评价主体使教师评价和学生评价有效结合起来，让学生真正参与到评价中，使学生学会反思，学会分析，学会判断，不断提高英语词汇教学的效率。

（三）教学评价方法的设计

传统意义上的评价活动一般是在学习结束后进行，采用的是一种结果性评价，忽视了学生的学习过程，忽视了学生成绩背后的动机取向和努力程度。而过程性评价主张评价过程与教学过程的交叉和融合，将评价"嵌入"到教学的过程中，贯穿于教学过程的始终。过程性评价关注学生的学习过程，倡导一种"质性"的方法。过程性评价是通过学生完成特定任务的外部行为表现来评价学生，主要通过行动、展示、写作等更真实的表现来评价学生的中学英语能力。在英语词汇教学中，教师所期望的不是学生能够取得较高的书面成绩，而是切实提高学生的能力。在过程性评价机制下，学生能比较直接地展现他们已经掌握的知识，过程性评价机制的设计保证了教学活动健康、有效的运行。

过程性评价要求教师为每个学生建立一个"学习档案袋"。学习档案袋主要存放反映学生学习过程和学习进步的各类学习成果。这些学习记录按照一定的顺序形成文档，能反映学生的学习质量和进步程度。"学习档案袋"制作的进程涵盖了一项任务从起始阶段到完成阶段的整个跨度，能记录和展示学生学习成长的过程，能展示学生的进步和成绩，为教师给学习者提供帮助建议或指导提供了参照。档案袋评价通过对学生进行过程性的评价，揭示学生成长的轨迹和进步的方式，使学生学会对自己的学习进行自我管理、自我反思、自我分析和自我判断，克服了传统的静态评价带来的弊端。"学习档案袋"是很重要的一部分，它是过程性评价的典型方式之一，不是简单地评价学生的学习结果，而是关注学生持续的学习过程及学习进步的评价方法。过程性评价关注学生在整个学习过程中遇到了什么问题或困难，需要什么样的帮助，以成功地完成学习任务，从而能有效地帮助学生获取新知识。英语新课程标准倡导教学评价更加关注学生的学习过程，对学生的学习起到了监控作用，体现了建构主义倡导的质性评价，构建以学为中心的多元评价机制，保证了英语词汇教学的质量，有助于实现有效教学。

第四节 英语词汇教学评价

教学评价是中学英语词汇教学的重要组成部分，对教学活动起着导向、诊断、激励和鉴定的作用，因此，在教学实践中，教师应提高对教学评价的充分重视。

一、教学评价的含义

教学评价是对教学工作质量所做的测量、分析和评定，是以教学目标为依据，按照科学的标准，运用一切有效的技术手段，对教学过程和结果进行测评，给予价值判断并为教学决策服务的活动，是对教学活动现实的或潜在的价值做出判断的过程，也是研究教师教学和学生学习价值的过程。教学评价包括对教学过程中教师、学生、教学内容、教学方法、教学环境和教学管理等因素的评价，但主要是对教师教学过程和学生学习效果的评价。教学评价包括两个核心环节：一是对教师教学工作（教学设计、组织、实施等）的评价；二是对学生学习效果的评价。

对教学效果进行评价可以了解教学各方面的情况，从而判断教学的质量、水平和缺陷。全面客观的教学评价工作不仅能评估学生实现教学目标的程度，而且能解释教学效果不佳的原因。由此可见，教学评价如同检查身体，是对教学进行的一次严谨的科学诊断。教学评价的具体作用如下。第一，激励作用。教学评价对教师和学生具有监督及强化作用，通过评价能反映出教师的教学效果和学生的学习成效。教学实践表明，在一定的限度内，经常进行记录成绩的测验能有效激发学生的学习动机，促进课堂的有效教学，促进学生核心素养的提高。第二，调节作用。教学评价反馈的信息可以使师生了解教和学的情况，师生根据教学评价的反馈信息修改教学计划，调整教学行为，从而有利于实现预定的教学目标。第三，教学作用。评价本身也是一种教学活动。在这个活动过程中，学生不断获取知识和技能，智力和品德也获得发展，有助于促进学生的全面发展，有效促进了教学活动。

二、教学评价的类型

（一）相对评价、绝对评价和自身评价

1. 相对评价

相对评价就是指定一个团体，然后在这个团体中做一个基准，拿出这个团体中的个体，把这个个体和团体所做的这个基准进行比较评判，评价出来这个个体在这个团体中占一个什么位置的一种评价方法。

相对评价有三个特点：第一，评价的标准是在被评价的这个团体中所做出的一个标准，它只对被评价团体内部有效，对于指定团体以外的团体不一定有效；第二，团体中所确定的这个标准只是对所指定的这个团体所做出的评量以后确定的标准，它与教学本身的目的没有直接的联系；第三，它所评判出来的结果仅仅能说明被评判的个体在这个团体中相对而言的位置。

相对评价有它自身的优点，具体有以下三个：第一，它的应用范围比较广，适应性也比较强，无论被指定的这个团体是什么样的一个状况，都是可以将个体和团体进行比较的，而且也都能评判出这个个体在团体中相对的位置；第二，用建立在被评价团体评量的基础上的基准进行评价，找寻其中的一些差别之处，这样可以对被评价的个体对象做出比较公正的、客观的评判；第三，用这种评判方法将团体中的个体和个体之间比较，可以刺激被评价个体之间的竞争力。

但是相对评价也会有一些缺点，大致总结有以下四点：第一，用这种评价方法评价出来位置靠前的也不一定就是客观优秀的，被评价出来位置靠后的也不一定就是不优秀或者差的，客观标准不高；第二，被这种评价方法所评价出来的结果只能说明被评价对象在一定的范围内相对的位置，未必能够体现出来学生的真实水平；第三，这种评价方法最大的缺点是教学目的的完成状况是很容易被忽略的；第四，容易让竞争个体之间的一方受到伤害，打消另一方学习的积极性。

2. 绝对评价

绝对评价是评价被评价的团体之外的，把要评价的标准事先制定出来，然后再把要评价的对象和之前制定出来的评价标准进行比较，以这种办法来看被评价对象在评价标准中所处的绝对位置，这种评价方法就是绝对评价法。

绝对评价也有三大特点：第一，评价的标准是在被评价团体之外制定的，它对于每个

要评价的团体都是有效的；第二，这个评价的标准是事先确立好的评价标准；第三，这种办法评价的结果可以表明被评价对象达到评价标准的情况如何。

绝对评价有两个优点：第一，这会让学生有明确的方向、目标，可以提高学生的自觉学习能力，使其不受其他一些影响，提高学习的效率；第二，被评价对象了解了评价标准以后，学生就会了解自己的真实能力情况、与评价标准之间的差距情况，这样会提升学生积极学习的劲头。

绝对评价也有缺点，它的缺点有两点：第一，这样制定出来的评价标准不可避免地会有主观性，不能够全面客观地评价，其中也包括一些不合理等；第二，这样的评价会使学生缺少与同学之间的比较，学生很容易自满，这样就不能形成良好的竞争上进意识。

3. 自身评价

自身评价不同于相对评价和绝对评价，它的评价标准不建立在团体之中，也不是预先在团体之外建立评价标准，它只是学生的过去和现在进行对比评判，又或者是学生自己与自己的多个侧面进行的比较评判。

(二) 诊断性评价、形成性评价和总结性评价

1. 诊断性评价

诊断性评价就是确立好了教学目的，但还没有实施教学活动的时候对学生的摸底情况。这种评判是为促进学生的学习，不是要把学生分为三六九等，这种评价的目的是要排除学生在日后学习中的障碍。如果要进行有效率的教学活动，制订合理的教学方案是需要对学生的情况进行检测的，需要慎重考虑。但是在实际教学中，教师经常会忽略这种评价，总是将重点放在总结性评价上。其实如果没有诊断性评价就开展教学活动是不合理的，教学的效果也是不明显的，在教学活动中就会产生很多问题。这些问题就是不能够清楚地了解学生就施教，导致最终的教学效果不理想，不能达到预期的教学目标。学生是有个体差异性的，他们在很多方面都是不一样的，所以教师要多了解学生的不同之处，针对不同的学生，运用不同的方法进行教学。诊断性评价是具备这样的作用的，所以教师不要停留在传统的教学评价模式下，要与时俱进，要根据学生所需进行教学。新时代的教师要根据新课程的观念，全面观察学生和了解学生，然后做出正确的判断，因材施教，不断提高学生的英语核心素养。

2. 形成性评价

形成性评价是教学过程中的评价方式，其目的是要在教学过程中进行评价，在评价得

出结果后，检测之前的教学方案是否合理，是不是能够有效使学生到达预期的教学成果。如不能达到预期的教学成果，那就要找寻原因，是否需要重新制订教学计划方案，这种评价的根本目的是要改善教学中存在的问题。所以说形成性评价在教学评价中是非常重要的，它能够在教学过程中发现存在的问题，改善或修正教学方案，这种教学评价的重要性是不可以忽视的。

3. 总结性评价

总结性评价是要在一段学期结束的时候进行的，这种评价是要检验和总结这一学期的教学成果，看看教学成果有没有达到教学阶段总计划。这种教学评价对教师和学生都是有积极的促进作用的，它有着检验教学的功能，包括教学方法运用得是否正确，教学方案设计，是否合理等。

（三）定量评价和定性评价

1. 定量评价

定量评价是指使用计算的方式来采集和整理资料，对被评价的目标做出定量结果的价值判断，这种评价方法重视数量计算，它是以教育测量为根基的。这种评价方法的特点具有事实客观性、准确化，而且有量化性，还很简便，具有选拔、甄别的教育评价需要。这种评价也有缺点，其到处都要量化，总是要强调稳定，强调统一，太注重计算，有的时候将信息量化就会徒有虚表了，这样难免使评价结果不准确。定量评价会忽视一些不能被量化的信息，忽视了学生的全面发展，忽视了多元化的部分，把丰富的信息量完全数字化。所以，单独的定量评价在教学评价中是不可行的，要与定性评价相结合，这样才能更有效、更全面地反映出被评价者的真实信息。

2. 定性评价

定性评价是指采用非计算的方式，依照教师对学生平时的表现、实际情况或者根据一些资料整理分析后直接做出的评价方式。如教师可以做出评语，评价出学生所处的等级等。这种评价是使用权威的专业知识，或者是通过有经验教师的经验以讨论、比较等方式进行评价，这种评价更注重观察、分析、总结。

定性评价比较注重学生的教育结果和目的之间的统一，注重学生长处和短处的调查。这种评价方法注重实质性，关注目的和结果。定量评价方法更关注的是量化，而定性评价方法更关注的是学生"质"的走向。定性评价更重视学生全方位的发展性，体现了新课程的理念。但尽管如此，定性评价也会有缺点，有时评价结论不太具体，没有定量评价准确，所以还是要将定性评价和定量评价结合起来才更有效。

（四）自评与他评

课堂教学评价主要有自评和他评两种评价方式，自评是指被评价者依据评价标准对自身的活动所做的价值判断；他评是指被评价者以外的组织或个人依据评价标准对被评价者实施的评价。

长期以来，我国开展的课堂教学评价活动中所选择的评价方式都是他评。他评作为一种常用的评价方式，在课堂教学评价中发挥着独特的优势。评价者结合评价标准可以对课堂教学过程中的问题进行全面的分析，提出有较强针对性的建议。另外，外部评价者评价课堂教学时可以以客观、科学的态度分析课堂教学中所发生的一切，得出的评价结果也具有较强的可比性。

自评一般指教师自身对课堂教学所进行的反思与评价。虽然他评在课堂教学评价中很重要，但是也无法完全取代自评在评价中的作用。教师本人对所评价的活动有着更真切的了解，教师的自我分析和评价可以很充分地阐释自己的观点和依据，分析教学效果与预设之间的关系，从而使评价更真实和准确。另外，教师通过自我评价可以对外在的评价标准进行深刻的领会，并使其转化为自我可以接受的评价准则，从而更好地用它来指导课堂教学。而教师在反思过程中会发现自己的课堂教学与评价标准间的差距，从而能有针对性地做出改进。这样不仅可以促进自身的专业发展，最终还可以使教学质量不断提高，有助于培养学生的英语核心素养。

三、开展中学英语词汇教学评价的意义

随着新课程改革的推进，作为中学传统文化课的重要部分，英语词汇教学也在不断地寻求自己的突破。教师是教学的主要参与者，也是课堂教学过程中最活跃的因素。课堂教学评价作为调控教师课堂教学行为的主渠道之一，是诊断教师具体教学工作的主要措施，在规范教师教学行为、改进教师教学实践上发挥着极其重要的作用。

发展性教学评价是针对以分等奖惩为目的的终结性评价的弊端而提出来的，主张面向未来，面向评价对象的发展。发展性评价是在事物发展进程中综合发挥教育评价的多种功能，运用多种科学的评价手段，诊断出事物发展中产生的效果和存在的问题，激励评价者和被评价者发扬成绩，对照问题，改进自己，完善自己，然后求得发展。因此，发展性课堂教学评价对于帮助教师了解自己的课堂教学实态，改进教学方法与技巧的运用，促进教师专业发展，强化教学管理和师资队伍的建设，提高教学质量和效益均具有重要的导向与

激励功能。

基于教师发展，研究中学英语发展性课堂教学评价，使之适应新课程改革的要求，充分发挥评价能够促进教师提高和改进教学实践的功能，将直接关系到中学课堂教学效果的改善和学生学习质量的提高。开展中学英语发展性课堂教学评价研究，具有以下四个方面的意义。

（一）有利于促进教师专业发展

发展性课堂教学评价的目的是促进教师的发展而不是对教师进行奖惩，其更注重师生的课堂体验，评价标准灵活开放，弘扬教师个人的教学风格与创造性；自评和他评有机结合，注重教师的自我评价；能够调动教师的积极性和创造性，为教师提供一种不断发展的动力，激发教师自觉钻研并努力提高自己教学水平的内部动机，引导和帮助教师不断提高课堂教学质量，为教师成长提供有用的反馈信息，促进教师的专业发展。

（二）有利于促进学生全面发展

发展性课堂教学评价依据新课程改革的"发展性"理念，对教师提出一定的发展性目标和发展性的评价技术、方法；同样，在教学评价中也关注对学生学的状态与进程进行价值判断，并对学生发展的进程进行评价，进一步促进学生在知识与技能、过程与方法、态度情感与价值观等方面和谐全面发展。

（三）有利于促进学校管理与发展

学校的发展和教师的发展既有相一致的方面，也有相互差别的内容，在评价实践中会产生矛盾情形。发展性课堂教学评价就是谋求克服学校发展与教师发展之间分歧的有效策略，它扬弃了基于"经济人"理论而采用金钱和奖励来刺激教师工作积极性的做法，最大限度地满足了教师尊重和自我实现的需要，使教师群体团结协作，人际关系和谐，形成了教师个体、群体和学校管理者之间融合的局面，有利于实现教师发展和学校发展最大化的融合。

（四）有利于促进英语课程改革

发展性课堂教学评价可以为教育体制的改革提供各方面的信息，并以此调整改革的方向和进程，有利于加速课堂教学的改革和发展，从而进一步深化基础教育的改革，成为促进学生素质全面发展、教师业务水平不断提高、提高课堂教学效益和推进新课程改革的武器。

四、中学英语词汇教学评价的方法

随着我国新课程的推广，人们对英语评价目标的认识发生了很大的变化。传统的中学英语词汇教学评价只注重"双基"的落实，而忽视了英语能力、英语方法、英语情感的培养。我国中学英语新课程标准提出的教学评价应从"知识与技能""过程与方法""情感态度与价值观"三个维度来表述，这三个维度在实施过程中是一个有机的整体。教学目标的多元化决定了教学评价的多元化，多样的评价手段能够针对不同的英语学习任务和不同程度的学生进行合理评价，起到及时了解学生的学习状况，促进英语学习的良好作用。常规的英语词汇教学评价包括书面测验法、口头提问法等；按评价主体来划分，英语词汇教学评价包括教师测评、学生自评、同学互评、家长参评等；按学习内容归类，英语词汇教学评价包括"双基"英语评价、探究性英语评价、任务型英语评价、表达式英语评价等；按地点来划分，英语评价包括课堂评价、课下评价等。在教学过程中，教师应综合运用各种评价方式，强调英语评价的三个"相结合"，优化英语词汇教学评价的效果，促进学生核心素养的发展。

（一）形成性评价与终结性评价相结合

广义的形成性评价是指在一个新的教育方案、计划、课程等的编制过程中和试验期间，为了获得修改、完善所需的反馈信息而进行的系统性评价。在教学过程中，为了获得有关教学的反馈信息，改进教学，使学生对所学知识达到掌握的程度所进行的系统性评价，即为了促进学生掌握尚未掌握的内容所进行的评价。狭义的形成性评价一般在每个单元教学结束时，通过形成性测试进行。通过形成性评价，师生双方都能在教与学的过程中得到有用的反馈信息。形成性评价是过程评价，它以提问、测验、回答等各种检查的形式，对评价对象在到达终极目标的教学过程中，不断地明确达标的程度。教师通过多渠道和多方面的反馈信息，及时发现评价对象在学习过程中存在的问题，从而随时修正和调节教学活动。在日常英语词汇教学活动中，形成性评价总是伴随着教育教学过程而进行的。教师在形成性评价中需要关心的问题是哪些教学内容是学生已经基本掌握的，哪些教学内容是学生含混不清、尚未掌握的，哪些学生的学习还有困难，需要进行针对性辅导，只有弄清楚了这些问题，才能准确地把握学生学习动态，及时地加以指导。所以说，形成性评价具有反馈、强化、改进、激励等功能。

终结性评价是指一门学科的重要内容或所有教学内容结束时，教师对学生的学习效果及成绩所进行的全面评价。终结性评价是偏重结果的评价，具有高度概括性、评定全面性、难以逆反性等特点。鉴于两种评价方式的特性与功能，我们要有机地将它们结合起来。这种结合实际上就是体现了过程评价与结果评价的结合。当前，有一种说法是片面的，即变重结果的评价为重过程的评价。这种说法虽然提出了过程评价的重要性，但是却忽视了结果评价。实际上"结果"也是相当重要的，因为今天所指的结果绝不是获得"双基"的结果，而是综合素质的体现。英语教师要综合"形成性评价"与"终结性评价"各自的优点与长处，在评价中提高教学效率和教学效果，在教学终结时进行评价，在评价中考查成绩，反观教学过程。

（二）定性评价与定量评价相结合

定量的评价往往体现在对学生学习成绩的评价上，它对学生的学习是否有长进，以及学生之间相比有没有差距提供了一个衡量的尺度。但是，分数受到多种因素的影响与干扰，有时不能完全反映学生学习的真实水平，因此，教师在进行教学评价时要把定量评价与定性评价结合起来。定性评价是指教师通过观察与分析，用恰当的评语对学生的学习所做的描述性的评定。相比之下，这种评价比打分数的评价难度要高得多。对学生英语学习的定性评价，除包括对知识掌握程度的评价以外，还包括对学生教学参与度的评价。教与学是教学实践中两项最主要和最基本的活动，教学活动是双向的，一方面是教师的教，另一方面是学生的学。布鲁纳认为现代的教学方法是教师与学生合作的方法，因此，学生的英语课堂教学参与度就显得尤为重要。英语词汇教学除了课堂教学之外，家庭英语等也将作为教学内容的重要方面而加以重视。课外英语活动将作为重要的教学活动形式和课堂教学结合起来，因此，在英语词汇教学评价中，教师要综合考虑学生英语学习的各个方面，采用定性评价与定量评价相结合的方式进行评价。

（三）反思性评价与鼓励性评价相结合

在学生进行的主体性评价过程中，教师要引导学生主动开展反观、反思与反省活动。具体而言，可以通过对英语词汇知识的回顾，对作业、练习与检测的剖析等方法，自觉找到英语学习中存在的问题与差距。对英语知识的回顾是指教师教授完一节课后，学生脱离课本，在头脑中对本课的教学目标、重难点知识、英语学习方法以及要树立的英语观念进行回顾。在回顾时反思自己是否已经掌握了本课所学知识，存在哪些问题。找出问题后，通过自己思考或者向教师寻求帮助，解决问题，深化对英语知识的理解。

同时，教师在进行教学评价时要善于鼓励学生，培养学生学习英语的自信心和兴趣。

教师要善于发现学生在英语学习中的优异表现，鼓励他们的点滴进步，让他们看到自己的内在潜力与发展方向。对于成绩一般，但是进步很快的学生，教师不能吝惜其表扬。教师还可以通过组织学习成果报告会，将学生的优秀学习成果分享给全体学生，使学生产生愉悦感与成就感，不断激励自己攀登新的学习高峰。

第三章　核心素养视域下的英语阅读教学

当前以阅读能力培养为目标的教学存在许多问题，例如，阅读教学过程程序化；阅读活动大同小异，很难发掘学生的潜能；阅读教学等同于回答问题，学生很少有提问的机会。课外英语阅读情况也不容乐观，学生的阅读带有明显的性目的。模式化的阅读教学方式中也有思维能力培养，但是以复述、重复等能力为主。本章探讨了阅读素养与有效阅读教学的关系，从英语阅读教学的内容、设计和方式的不同角度，进行了分析。

第一节　阅读素养与阅读教学

在新课程改革的背景之下，中学英语在教学的过程中要注重培养学生的学科核心素养。这就要求教师在教学的过程中根据课程内容以及学生情况，通过自己的教学实践，总结出正确的方式方法，构建学生的英语核心素养。在学习英语的过程中，不仅要能够提高学生的英语成绩，而且要培养学生的判断能力，学生通过学习英语要增强自己跨文化交流的能力。英语学科的核心素养一共包含三方面，即理解与表达、语用语感、情感文化。英语阅读课堂能够促进学生的语言素养，而且也能够提升学生的英语学科核心素养。

一、阅读素养与阅读层次

当前，随着对学生发展核心素养讨论的进一步深入，在英语教学中是否应该培养学生的思维能力，以及怎样培养学生的思维能力，成为广大教师关心的话题，而阅读教学无疑是培养英语思维能力的重要手段。

(一) 阅读素养的概念

很多教师认为，在英语教学中，阅读教学的核心目的就是发展学生的阅读能力。学生基础能力国际测评项目（PISA）认为，阅读素养是读者、文本与应用三要素之间的互动，即阅读过程、阅读内容和阅读情境之间的交互。阅读素养包括阅读能力和阅读品格两个方面。其中，阅读能力包括解码能力、语言知识、阅读理解及文化意识；阅读品格包括阅读习惯和阅读体验两方面。

阅读素养由三个维度构成：阅读过程、阅读内容、阅读情境。

阅读能力是指学生对文字所传递信息的正确理解和把握。以培养阅读能力为目标的教学，往往会使阅读停留在文本表面的理解，而以培养阅读素养为目标的教学超越了对一般能力的培养。阅读素养是指学生对文字材料的理解、使用和反思。其目的是为了实现个人目标，发展个人知识和潜能，更好地参与社会活动。阅读素养强调根据不同的目的而阅读，强调对文字信息的理解、使用和反思，强调通过积极主动的思考和与文本的互动来获取信息，从而使阅读成为公民发展和终身学习者的内在组成部分。

（二）阅读理解的五个层次

根据 PISA 对阅读素养中的阅读过程划分，阅读层级分为信息提取、信息诠释和信息评价，前两个层级是以理解文本信息为主，后一个层级须借助文本以外的知识。而信息诠释层面又分为整体意义理解和发展诠释能力，信息评价层面又分为文本内容的反思与评价和文体与特征的反思与评价。这样，阅读理解就分为五个层次。

1. 理解事实性信息

寻找一个特定的事实来支持或反驳某人的观点，为此，读者必须扫描、搜索、定位和选择相关信息。这种阅读任务通常处于句子层面或不同段落的几句话的信息层面上，这种信息是基于文本本身和文本中的外在信息。当然，它也可能涉及两个类似的信息之间的差异。

2. 理解整体意义

读者必须把文本视为一个整体或放在一个大的视野中，主要阅读任务有：第一，确定一个图或表的主要维度；第二，描述一个故事的主要特征和背景；第三，确定一个文学文本的主题或信息；第四，解释目的或一个数字表格的用途；第五，区分主要思想和次要细节；第六，在句子或标题中识别主题的摘要。

3. 发展诠释能力

指将最初的印象扩展到一个更具体的或完整的理解，主要有以下四点：第一，需要逻辑理解（处理信息的结构组织）；第二，理解与有或没有话语标记语的衔接（例如，第一，第二，或因果关系）；第三，比较和对比信息，得出推论，识别和列举支持的证据；

第四，对作者的意图进行推理，并确定用于推断该意图的证据。

4. 反思和评价所读内容

这一阶段需要将文本中的信息与其他来源的知识相连接。评估在文本中的观点与自己的知识异同，并表达和捍卫自己的观点。这是基于他们对文中说了什么、意图是什么的理解。他们检验已知或从其他文本获得的信息与所读到的差异之处。寻求文本中支撑的证据，并与其他的信息来源比照，同时使用一般知识与特定的知识以及抽象思维的能力。

其他可能的任务包括以下三点。

第一，从文本以外或自己的认知提供证据或论据。

第二，评估特定信息或证据的相关性，或与道德、审美规则或标准进行比较。

第三，提供或确认可能加强作者观点的其他信息，或评估在文本中提供的证据或信息的充分性。

5. 反思与评价文体与特征

这一阶段读者利用已知，客观地看待文本，评价其质量与适当性。评价知识（如文本结构、体裁和语域）在这些任务中发挥着重要的作用。评价作者是如何成功地塑造人物特征的，或如何不仅凭借知识，而且利用语言的多样表达来说服读者的。如理解使用某一形容词可能引起情感色彩的诠释，确定特定目的的特定文本的效用，并评估作者使用特定的文本特征来完成一个特定的目标。描述或评论作者的风格，确定作者的目的和态度。

（三）阅读理解的内容与情境

阅读素养中的阅读内容分为连续性文体和非连续性文体。非连续性文体主要指广告、图表等意义不连贯的文体。连续性文体分为记叙文、描述文、说明文和议论文。

记叙文是一种叙述某种对象在什么时间的属性的文本类型。记叙文本通常回答"何时"或"什么顺序"的问题。

说明文是以说明为主要表达方式，介绍事物的形状、构造、性质、变化、类别、状态、功能、成因、结果等特征的文章。说明的目的是给读者提供知识，使之了解客观世界，掌握解决问题的方法。说明文往往回答"怎样"的问题。

描述文是指描述某种对象在空间方位特性的一种文体。描述性文本通常回答"是什么"的问题。

议论文是以逻辑推理的方法阐述和证明作者的立场观点或对某一事物做出判断或给出建议的一种文体。议论文回答"为什么"的问题。

议论文文体一般有两种结构：一是给出观点，提供支撑细节，做出结论；二是摆事实，提出观点，最后做出结论。

阅读素养的层级分类反映了人们思维的层级。从某种程度上说，培养学生的阅读素养就是培养学生的批判性思维的过程。批判性思维是一种高层次思维，包括批判性技能和批判性倾向两个纬度。批评性思维技能包括分析、推理、解释、评价、自我调节等多项重要认知能力。批判性思维倾向包括开发、好奇、灵活、好学等情感态度。我们把培养学生批判性思维的阅读教学称为批判性阅读。批判性阅读不是粗略接受、被动接受和记忆文本内容，而是对文本的高层次理解，是对观点、倾向、假设进行分析、整合和评析的阅读策略。

批判性阅读的三个层面包括：信息加工与处理，理解大意，处理语言等；与已有知识、自己的生活经验建立联系，思主人公所想，推断隐含的意义等；欣赏语言，分析结构，评价所读内容，思考作者意图，提出质疑等。

可见，批判性阅读的提法与阅读素养的阅读过程分类不同，其实两者讲的就是一类事情。

二、核心素养体系下的中学英语阅读教学

（一）培养学生对阅读文本的理解与表达

英语的学习，从核心素养方面来说，是要培养学生的人文底蕴，所以挖掘情感和文化显得尤为重要。教师要带领孩子捕捉阅读中的有效信息，分析文本的内涵，体味作者的思路意图，这样学生才会结合自己的经历表达自我，形成正确的思想意识和文化意识。这也真正符合"立德树人"的标准。

在阅读理解的教学中，每一篇阅读文章都包含自己的主题背景、核心思想以及文章理解等多方面的内容。在实际的教学过程中，教学就要根据阅读理解的内容与学生进行交流互动。在阅读课上，教师选择阅读材料的时候，一定要根据学生的实际情况进行选择，要能够符合学生的学习情况。如果选择难度较大的文章，学生不易理解，会导致学生失去信心。在教学过程中，教师要引导学生去进行阅读理解，并学会如何在阅读理解的文章中抓取有效的信息文本，引导学生对阅读理解进行分析思考，然后通过自己的判断去完成阅读理解。

（二）利用分层阅读增强学生的语感

所谓分层阅读其实就是教师对学生的因材施教。每个学生的情况是不同的，都具有不

一样的个性。教师在教学过程中要根据学生的个体差异对层次不同的学生进行不同程度的阅读理解设计。在中学时期，每个学生对英语的学习能力和水平都不一样，教师在教学过程中一定要具有很多的耐心，积极地为学生进行分层教学。教师在课堂上提问题的时候也要进行分层次提问，设计的问题应该是由易到难的程度。第一层次的问题可以是简单基础的问题，然后到第二层次加强学生对英语阅读的理解，到第三层次的时候可以去提问语言运用的技能问题。教师的这种方法能够激发学生的学习热情，增强他们的自信心。提高学生独立思考的能力，而且分层设计的教学方式能够激发学生的主动能力，让他们进行主动的学习，而不是被动地接受老师传输的知识。

培养好学生良好的语感，将会为提高我们的英语阅读教学水平奠定良好的基础，达到"润物细无声"的效果。语感是主体对语言所产生的直接的判断和感受。语感的主要作用是判断言语的可接受性，依据语境理解各种言语并在此基础上按照交际需要创造性地进行语言表达。

(三) 阅读时抓取有效信息，升华学生的情感

学生在进行英语阅读的时候，最关键的就是要抓住每一篇阅读理解的核心内容。教师应该为学生选择具有一定内涵的阅读材料，这样能够更好地提高学生对英语阅读的学习兴趣。学生在学习阅读理解的时候，通过对文章内容的理解，能够更好地了解英语文化，感受英语语言的情感。教师在教学过程中要积极地与学生进行互动，让学生与学生之间进行合作和沟通。这样合作和沟通的教学方式能够让学生更加容易理解阅读理解的文本内容，理解作者的表达情感。在课堂当中，当学生自己发言之后，就是要善于捕捉学生发言中的亮点，对他们进行鼓励和评价，积极地让学生回答问题，能够提高学生的思维发散能力和联想能力。

(四) 阅读之后进行课堂评价以及组织课堂活动

在中学英语的教学中，教师在课堂结束之后都要对课堂进行评价以及组织一些课堂活动。课后评价对课堂的教学质量有着非常大的促进作用。课堂评价对学生的课堂表现进行总结归纳，表扬表现出色的学生，处理学生犯的一些错误，解决学生在学习中遇到的难点问题通过这样的课后评价，能够更好地促进学生的学习。学生能够在评价的过程中积极认识到自己在课堂当中的表现，这样也有利于促进学生对英语语言的学习以及对课堂的思维发展，从而能够进一步培养学生的学科核心素养。课堂评价不仅要评价学生，而且也要自我反省，从课堂当中进行课堂的自我反思，调整自己的状态方法以及教学措施。教师在进

行这一环节的时候，一定要注意课堂氛围，让学生能够惬意地学习，为教学活动增加色彩。通过多方面的努力才能更好地培养学生的学科核心素养。

总而言之，在中学英语的教学中，教师要运用多种方法来提高学生的核心素养。培养学生的英语学科核心素养能够提高学生的学习能力，促进他们独立思考的能力，培养学生与人交流合作的能力，让学生树立正确的世界观、人生观、价值观，有利于学生未来的成长发展。核心素养的培养并不是通过一朝一夕的锻炼而获得的，需要教育工作者付诸坚持与努力，并结合教学实际情况采取恰当得宜的教学策略，这样学生才能在有效的"浸润"中形成符合素质教育观念的核心素养。在以"核心素养"为关键词的教育背景下，中学英语教师应当突出英语学科自身教学的特点，致力于提升学生的综合素养。

第二节　阅读教学设计

一、体现阅读素养的阅读教学设计

在英语核心素养培养的过程中，英语阅读素养具有不可替代的重要作用，是建立各种核心素养的重点。阅读素养的培养可以通过课内和课外两部分来进行。教师可在课内进行高效的教材句型练习，通过多种形式的反复练习巩固加强；课外阅读要巩固、扩展课内所学，进一步丰富词汇量，培养英语学习习惯，从而整体提高英语阅读素养。

（一）阅读素养在核心素养中的重要地位

英语的学科素养包括四方面。一是语言能力。熟练地或者比较熟练地运用英语语言进行沟通学习的能力，需要掌握的有语言知识、语言意识，表现出来即是熟练的语感，语言表达技能和沟通交际能力。二是思维品质。思维品质是学生运用英语进行思维的能力，是英语学习的内化，也是学习英语一开始就应该养成的习惯，而不是把英语翻译成汉语，再把汉语翻译成英语。运用英语的思维能力同样包括分析和推理、判断和归纳等。三是文化意识。通过英语文章的阅读，借这个窗口了解英语国家的历史和文化，体会不同语言背景下文化的异同，和中国传统文化形成对照，参考学习。四是学习能力。这是长远学习的基础，主要包括元认知策略、认知策略、交际策略和情感策略。

以上四方面的素养，是英语学习的核心素养，具体贯彻落实到英语教学中则更为细化，必须通过具体可行的教学策略和手段来完成。无论是语言能力、思维品质，还是文化意识和学习能力，都离不开大量的英语阅读。可以说，英语阅读素养是英语核心素养中的核心，多种能力与素养的养成和培养都需要通过阅读来完成。虽然阅读不是万能的，可是英语教学离开阅读却是万万不能的。

（二）阅读素养与阅读能力的差异

英语阅读素养是新时代英语教学的新概念，是对英语阅读提出的更高层次要求。随着时代的发展，对阅读能力的考查和应用范围越来越窄。随着英语教学的不断改进和探索，英语学习者的阅读习惯和阅读体验在阅读过程中所扮演的角色越来越重要。正因如此，过去的阅读能力这一概念逐渐被阅读素养所替代。阅读素养比阅读能力的内涵更为丰富，它把解码能力、语言知识、阅读理解和文化意识四方面都纳入"阅读能力"的范畴。另外，阅读素养概念提出了以前阅读能力没有涵盖的一个内涵——阅读品格。阅读品格包含阅读习惯和阅读体验。阅读习惯结合当下中学英语教学的要求，从阅读行为、阅读频率和阅读量三方面对学生的阅读给出合理建议；阅读体验则强调学生从阅读中获得的情感成果，包括阅读态度、阅读兴趣和自我评估三个要素。

（三）英语阅读素养的课内实践

许多教师在上课的时候总是习惯在讲，学生似乎也习惯了教师上课就讲。英语学习是语言的锻炼，重复的、反复的锻炼，而不是数学和物理题，需要教师详尽地讲解。其他科目可以说是教师在讲课，而英语科目如果说教师在讲课，则应该是值得我们警惕和反感的事情。教师越是讲得多，距离英语学习的本质越远。英语学习的主要任务就是不断扩充词汇量，进而能够进行更广泛的口语交流和书籍的阅读，这是英语学习的最终目的。就像我们的母语汉语的学习一样，我们每天都在进行练习，不知不觉地获得词汇的积累和语感。

因此，教师在课堂教学上应该少讲，让学生通过不断的练习，变换形式的练习，同样句型不同情境下的练习，或者同样情境下不同句型的练习，或者同样句型不同情境不同词汇的替换练习，达到由此及彼、举一反三的教学效果。贯彻英语课堂教学始终的应该是学生在不停地听，不停地读，不停地说，这才是英语课堂应该有的样子，而不是教师反复地讲。这一点，也是争论多年的语法教学利弊的延续。在英语阅读教学中，教师应该基于教学内容的不同来适当地选择相应的教学方法，精心设计每一个教学环节，力争让学生成为英语学习活动的发现者、探索者，能够逐步在学习过程中培养出主体意识，让学生具有独立挖掘、思考、解决问题的能力。

（四）英语阅读素养的课外实践

英语的阅读教学大致可以分为课内和课外两部分来进行，而不能仅仅局限于课内的阅读。课内阅读应该更加侧重在句型的练习和基本词汇的练习上。课外阅读的目的侧重不同，一是要巩固课内所学，二是要扩展课内所学，三是要培养习惯。从阅读的形式上说，分为指读、朗读和默读，三者各有侧重。在阅读的开始阶段，首先应该采用指读的方法，要求学生在课下阅读的时候把手指放在单词上，指着单词向下读过去，形成句子。这样做的目的在于锻炼学生阅读的注意力，如果不采用指读的方法，学生的注意力不好聚集在单词上，往往容易造成阅读的种种错误，妨碍以后的英语学习。其次是朗读，要求学生出声、大声地进行朗读。朗读的好处在于，通过发声，自己听到后能进行发音的验证。听教师读是一回事，在心里读又是一回事，只有自己出声地朗读才是最重要的事。大声朗读不仅能发现自己读音不准的地方，也能够通过大声朗读来加深对句子的印象，巩固所学。最后是默读，默读是阅读的常见形式，也是前者锻炼的最终追求，能够实现默读，说明对于句子和词汇都有了很好的把握。默读的好处在于，可以在更短的时间内掌握更多的信息，而且有助于形成语感，对于开拓新的阅读领域具有不可替代的作用。

在中学英语阅读教学过程中，教师务必对教材和教学大纲予以紧紧把握，耐心解疑、详细讲解，只有学生具备了过硬、扎实的基本功之后，再加以点拨指导，才能够让学生的思维更加条理化、系统化，达到迁移互惠的效果，进而提高中学英语阅读教学质量。

二、基于语篇分析的阅读教学设计

（一）语篇分析与阅读教学

语篇的英语术语是 discourse，语篇分析是从英语的 discourse analysis 译过来的。但是也有不少学者把 discourse analysis 译为话语分析。与 discourse 有关的另一术语是 text，有人把 text 译为篇章、语篇或话"。因此，text linguistics 有人译为篇章语言学。

语篇的着眼点是一个完整思想意义的篇章，是指一次交际过程中的一系列连续的语段或句子所构成的语言整体，它可以帮助我们从整体上把握文章的意义。语篇分析法主要是指按照语篇分析的模式，围绕中心思想，从情节发展、段落层次、支撑细节的布局安排等方面，分析作者所传达的信息及其信息构筑方式，并由此开展一系列英语阅读教学活动，提高学生的英语阅读能力。

图式理论是语篇分析法的理论基础。图式理论的主要观点是，人们在理解新事物时，需要将新事物与已知的概念、过去的经历，即背景知识联系起来。对新事物的理解和解释取决于头脑中已经存在的图式，输入的信息必须与这些图式吻合。按照图式理论，人脑中所储存的知识都组成单元，这种单元就是图式。对阅读而言，图式一般分为三种类型：语言图式、内容图式和形式图式（修辞图式）。语言图式指读者已有的语言知识，即关于语音、词汇和语法等方面的知识。内容图式指读者对阅读材料所讨论主题（内容范畴）的了解程度，即读者所具备的关于语篇内容方面的背景知识。毫无疑问，读者头脑中有关某一个语篇的恰当的背景知识有助于对该语篇的理解。语言学家普遍认为，读者往往更容易、更透彻地理解他所熟悉的话题。（对读者来讲）内容熟悉的语篇比那些内容生疏、来自陌生文化传统的语篇更容易阅读和理解。

形式图式指读者对阅读材料文章体裁、篇章结构的熟悉程度。语篇的类型受四种因素的制约：表面的语篇、语篇世界、储存的知识模式、事件发生的场景。形式图式之所以能够帮助读者去理解语篇，因为它为读者提供了语篇发展的信息。依赖自己的形式图式知识，读者更容易推断语篇中命题的联系。了解了整个语篇的结构有助于理解其中的每部分，就像理解了一个段落之后有助于理解其中每个句子一样。形式图式在两方面有助于建立起语篇的连贯：局部层次、命题之间的联系和整体层次信息的推进。

内容图式和形式图式是密不可分的。一方面，内容图式内部也具有一定结构，可以定义为某种形式；另一方面，形式图式也可以看成内容图式概念之间的关系类型。尤为重要的是，在语篇理解的过程中，读者往往同时启动形式图式和内容图式来达到完全理解的目的。

（二）阅读教学模式经历的三个种类

1. 文本驱动型

文本驱动模式也称"自下而上"或"正向分析"模式。以传统的语文学为理论依据，强调从词到句到篇。持这一理解模式的学者认为，阅读理解实质上是一个转换代码的过程。读者首先是对字母和单词的理解，其次是对短语、句子和段落的理解，最后是对语篇的理解。阅读过程就是这种由字母到句子、由低级到高级的理解过程，读者所做的就是对文本的解码。而读者的解码过程总是从单词的最基本意思开始，然后逐步过渡到对词组和语篇的理解。

许多教学法专家认为阅读是一个解码过程，在阅读中注意力应集中在词和复杂的句子结构上。毫无疑问，这种模式有助于扩大学生的词汇量和巩固句型结构，而且对教师的要求不高，只要掌握一些英语的基本知识就可把工作做好，所以在中国的许多中学仍很有市场。但这种模式不能充分调动学生的积极性。这样，当学生进行阅读理解材料的练习或参加英语考试时，他们把注意力放在单词或单个句子结构上，任何生词或者复杂的结构都会成为理解的障碍，况且有时他们全部单词都认识，句子结构也知道，在理解中依然有许多困难的题目做不对。所以，这种模式忽视读者在阅读过程中的主观能动性，忽视读者对阅读意义的自我构建，使得读者阅读速度慢，理解不够全面，容易造成"只见树木，不见森林"的现象。

2. 图式驱动型

图式驱动模式也称"自上而下"或"反向分析"模式。这种模式以图式理论为基础，也称图式驱动阅读模式。持该模式的学者认为，读者以前已有的知识（背景知识）、读者的认识能力与语言能力在阅读理解过程中起着关键性的作用。语言学家认识到背景知识和语言能力即图式的重要性，尤其是在外语阅读中的社会文化意义。读者在进行文本解码的同时同样在应用其已有知识帮助其理解，包括世界知识、文化知识、话题知识、语篇知识、策略知识等。借助这些知识，读者可以对其所阅读的材料和接下来要阅读的材料进行猜测，如果没有把阅读材料的语言意义和文化因素联系起来，就会导致理解得不透彻。

读者对于同一篇文本会存在迥然不同的理解就是其不同的经历、不同的图式知识所致。阅读不是简单的解码过程，而是一个对话，不仅是读者与文本的对话，同时也是读者与作者的对话。

自上而下模式也具有缺点和局限性。第一，初学者不能使用这种模式。换句话说，阅读材料难度以不超过学生的知识范围为宜。读者在相关背景知识帮助下不能理解含有大量生词的文章。第二，阅读文的内容应是读者熟悉的。文章内容的相关性能使读者正确预测，也就是说，读者能将适当的图式或背景知识与相关文章联系起来。第三，利用这种模式，阅读文章需时较长。不熟练的读者猜测词义所用的时间比熟练的读者认出该词所需时间长一些，所以，这种模式过分强调读者的心理图式对阅读理解的重要意义，弱化读者的语言基础，忽视读者的"解码"过程。语言毕竟是信息的最基本的载体，然而，文化、经验、认知水平等方面的差异也会导致图示的负面影响。

3. 交互作用型

交互作用型是在承认或接受上述两种模式的合理及不足之处的基础上提出的。该理论认为阅读不仅是"自上而下"或"自下而上"的过程，而且是两者相互作用、同时加工的过程。阅读首先应是一个感觉和认知过程。具体地说，读者首先看到单词符号等信息并把它存入视觉信息存储器。

在阅读过程中，读者要同时借助多种渠道的信息才能正确理解文本。来自不同渠道的信息以不同的方式作用于理解，起到互补的作用。这些信息既包括来自文本的信息如音位、词汇、句法、语意和语篇等，又包括图式知识。任一层次的阅读处理都可以补偿任何其他层次的不足。从本质上讲，相互补偿模式是一种同时集合各种信息来源为一体的综合模式。阅读处理过程中的任一层次，无论它们处于何处，都可相互沟通。当某一特定信息来源暂时不足时，读者便可能依赖其他更好的信息来源。

这种模式认为阅读过程既是语言文字的处理过程，也是读者对已有背景知识的运用和处理过程。在阅读过程中，读者会同时利用语言知识分析和背景知识进行预测从而获得正确的理解，bottom-up 和 top-down 两种模式往往是并行的或交叉使用的。交互作用阅读模式更能体现阅读过程的本质，比较适合外语或二语阅读教学。该模式利于整体阅读教学，从语篇上把握语义，培养阅读策略，同时加强语言知识学习。

（三）语篇分析教学一般模式

语篇分析的教学模式实质上是"交互作用"模式的具体运用，可以归纳为以下三种。

1. 分析背景知识

图式是个不断发生作用的既存知识结构，遇到新事物时，只有把这些新事物和已有的图式相联系才能被理解，因此图式又被称为认知框架。

每个故事都有其故事语法即故事图式。记叙文的六要素包括：时间、地点、人物、事件起因、经过和结果。所以阅读教学中，应该努力扩大学生的背景知识，教学设计注重激活学生的图式，充分运用预测训练帮助学生提取图式，背景知识有时既是障碍又是契机。

2. 分析语篇宏观框架

（1）文体分析

中学阅读文章的文体基本上可以分为四大类：记叙文、描写文、说明文和议论文。每篇课文因体裁不同，都有其值得重点理解和欣赏的内容。因此根据课文的体裁不同，可以决定教学重点。针对不同的文体，教师在备课时要把握文章的主线和着重点，在设计任务时要突出该文体的典型特点，设计的任务也要围绕某一条主线进行。

（2）语篇结构分析

作者使用语篇可以实现三种功能：人际功能，指参与社会互动的过程；篇章功能，指形式完美，适宜于文章的创作；概念功能，即作者以连贯的方式表达思想和经历。就语言学意义而言，篇章分析聚焦于对一定语境中作者运用语篇表达意图的记录过程，尤其是那些构成完整语篇的要素分析。就篇章结构而言，语篇分析的重点是语篇中的句子如何通过显性连接手段形成连贯，以及篇章的组织要素和组织形式如何表达了作者的意图。

语篇组织模式种类一般有：叙述模式、提问—回答模式、问题—解决模式、主张—反主张模式、概括—具体模式等。而每一类别的语篇组织模式又有一定的结构规律可循。

根据随意会话的自然叙述顺序，可以归纳出这种预测的模式包含六个环节的叙事结构。

①点题——叙述者在叙述之前对故事所做的简要概括。

②指向——介绍故事发生的时间、地点、人物及其他相关背景知识。

③进展——故事本身发生的原委和事态的发展。

④评议——叙述者就故事的情节、人物、事件等方面所发表的评论。

⑤结局——包括各种冲突的结果、人物的下场等。

⑥回应——在故事的末尾，叙述者常常用一两句话回应主题，以使故事结构显得更加完整。

提问—回答模式一般是在篇章开头设置一个明显的问题，并通过寻找对这一问题令人满意的答案来构建篇章的发展。

流程：情景—问题—反应—结果/评价。

问题—解决模式，一般在语篇的开始向读者描述一个事件或社会现象作为文章的情景，接着由此事件或社会现象引出一个难以解决的问题，然后陈述人们对这一问题的反应，最后提出对这一反应的肯定评价或结论。该模式与提问—回答模式有很多相似之处。主张—反主张模式中，作者首先提出一种普遍认可的主张、观点，然后进行澄清，说明自己的主张、观点，或者提出反主张或真实情况。

流程：情景—主张—对主张的评价—反驳的理由—校正—校正的理由。概括—具体模式的宏观结构大致有两种：

①概括陈述→具体陈述 1→具体陈述 2→具体陈述 3→概括陈述；

②概括陈述→具体陈述→更具体陈述→概括陈述。

3. 分析语篇微观框架

分析微观的目的是让学生抓住语篇完整性和连贯性。语篇的微观框架分析主要包括：语境、衔接与连贯、主位与述位。

（1）语境分析

语境可分成三类：语言语境、情景语境、文化语境。其中情景语境和文化语境又称"非语言语境"。

语言语境指的是篇章内部的环境，或称上下文，它的作用是使词汇意义具体化。

情景语境指的是篇章产生时周围的情况、事件性质、参与者的关系、时间、地点、方式等。情景语境中的三个因素语场、语旨、语式最为重要，三因素是语域的三个变体。语域指在语体中运用的特别词汇，这些词汇针对特定的场合或读者。同一语体，可以用不同语域来写。如介绍音乐的文章，会用专门的音乐语域来写；介绍科学的，体现科学的语域。同一话题的语域也会不同，如同样是化妆用品广告，针对追求优雅冷静的消费人群与针对年轻时髦的消费者所用的语域是不一样的。

语场指语篇所作用的整个事件，包括说话人或作者的目的行为。语旨指参与者之间的关系，包括参与者的社会地位，以及他们之间的角色关系。语式指语言交际的渠道或媒介，包括修辞方式，可分为书面语体和口语体、正式语体和非正式语体。

文化语境指的是说话人或作者所在的语言社团的历史、文化和风俗人情，有时还指说话人的经验、知识等。

对教学的启示：对课文的词汇教学应当结合各种语境因素，注重学生语境意识的培养，注重跨学科知识的运用。

（2）衔接与连贯手段分析

衔接与连贯是语篇的主要特征。衔接指同一语篇中各个句子之间的联系，而这种联系的存在与否直接关系到语篇中句子与句子之间的语义关系。衔接分为五大类：照应、替代、省略、连接及词汇衔接。其中前三类属于语法手段，第四类属于逻辑手段，最后一类属于词汇衔接手段。

教师们对照应、替代、省略等语法手段了解较多，这里着重介绍连接和词汇衔接。连接不能用明确的术语来定义。对连接来说，所谈的是一种不同的语义关系，这种语义关系已经不再是某种符号标志，而是对将要发生事情与已经发生事情怎样系统地联系起来的一种详细说明。连接的类型主要有增补关系、转折关系、因果关系、时间关系四种。

词汇衔接手段指通过词汇的选择来取得语篇衔接的效果。复现是词汇衔接的一种形式：在连续体的一端，它涉及词汇项的重复；在连续体的另一端，它涉及用概括词来回指一个词汇项目。处在中间的还有很多类别，如同义词、近义词、上义词等。

连贯指文章内在的逻辑性。一篇具有连贯性的文章，读者至少要读懂作者的写作目的和写作思路。语体是引发连贯性的最主要因素（以满足文章所针对的话语社区读者的需要）。作者游离于常规文章结构以外时，连贯性就受到威胁。一般认为，衔接是以显性的语言形式出现在语篇的表层，而连贯则是对语篇评价的一个指标，很多时候是具有隐含性的，交际双方可以通过衔接手段、共有知识或逻辑推理来理解语段的意义。

语篇连贯，除了靠衔接外，还要考虑句与句之间的意义上的联系，即符合逻辑。语篇中句子的排列也会影响到句与句在语义上的连贯，句子的排列如果违反逻辑，就会影响到语篇的连贯性。语义连贯是一个十分复杂的问题，有时语篇的连贯性取决于说话前提和发话者与受话者双方的共有知识。

（3）主位结构分析

主位通常位于句首，在语言交际活动中引起话题。述位叙述话题内容，是对话题的阐述和说明。实际切分理论的提出打破了以往只局限于语法和语义层面的研究局面。根据主位的内部结构把主位分成单项主位、复项主位和句项主位三类。

单项主位是一个独立的整体，不可再分成更小的功能单位。形式上可以由名词词组、代词、动词词组、介词词组等充当，一般为句子的主体成分，并体现某一功能，即参与者、过程或环境成分，只行使概念功能。

复项主位指一个句子中出现多个主位的现象。复项主位的三大成分对应语言的三大元功能。语篇主位一般表示语篇衔接，人际主位表示说话者和听话者之间的关系及说话者用语言影响听话者的过程，经验主位一般与主题相当。在复项主位中，语篇主位与人际主位是可选项；经验主位是必选项，总是位于复项主位的后面。若三者同项，则顺序为：语篇主位—人际主位—经验主位。

句项主位指小句复合体中由小句充当的主位。

语篇的形成在很大程度上是新旧信息相互作用的结果。新旧信息相互作用也就是主位-述位在语篇组织中的排列组合；主位-述位的排列组合主要是以主位推进模式展开的。研究主位结构的意义在于了解和掌握有关中心内容的信息在语篇中的分布情况。主位有预示语篇内容的发展方向、构建语篇框架、预示语篇覆盖范围和预示说话者意图的作用，所以如果学生能准确划分和分析构成某个语篇的各个小句的主位和述位，就可能从说话者的各话语起点，顺藤摸瓜，大致了解一段话要表达的主要内容，这样可以帮助学生快捷而准确地掌握所传递的主要信息。如果把主位推进模式应用到语篇层面，就可以根据语篇中语句出现的先后顺序切分主位和述位，然后再按主位排列顺序理清作者的思路。之后就会有意识地注意到作者想说什么，如何展开话题，何时更换话题，到语篇结束时回答了一个什么样的问题。当完成上述步骤以后，整个文章的内容就会清晰地呈现在眼前。

教师可以给出文章标题，再给出一些反映语篇内容的关键词汇，让学生预测语篇的内容和发展方式。教师还可以给出语篇的标题及第一段和最后一段，让学生建构语篇。

（4）巩固与发展

这个阶段是词汇、句子和语篇意义的巩固，是思维和情感的发展，是训练学生独立思维和批判性思维能力的一个重要契机。这些能力包括以下方面：培养学生的创造性思维能力；培养学生的逻辑思维能力和深层次思维能力；帮助学生克服思维定式对话语理解的影响，培养其思维的广阔性；培养学生独立思考和善于思考的能力；充分认识中西方思维方式的不同，培养学生跨文化思维能力；抓住语篇中关键的字词句，培养学生的语言运用能力；等等。

语篇中许多内容都蕴含着丰富的创造性思维和创造意识的因素与材料。为此，从语篇的上下文、思路及部分的内在联系等方面，积极发掘出创造性思维因素，可达到有效训练的目的。如抓住语篇中的"扩点"进行补充及延伸，训练创新思维能力和发散性思维能力；抓住语篇中的"异点"进行联想；抓住语篇中的"重点"进行概括性思维训练；抓住语篇中的"疑点"进行评价能力和批判性思维能力的训练；等等。

基于语篇分析的英语阅读教学设计，突出语义，重视语言的交际功能，打破了以往单词和句子层面的阅读教学常规，让学生从整体语义的高度把握语篇信息，通过语篇分析，了解文章的组织结构，理解作者的写作意图，从更深、更广的范围来全面获取语篇信息。语篇分析教学设计既注重语言形式，又注重语言功能，同时还注重语篇所涉及的语言文化知识。语篇分析教学设计旨在提高学生的语篇分析能力，引导学生既快又准确地弄清语篇的整体结构与主旨大意，以及为说明该主旨大意的重要事实，进而根据上下文的逻辑关系做出合理的推论与判断，以最大限度地获取语篇中的完整意义。

第三节　核心素养视域下英语阅读文本解读

在中学英语阅读教学中，教师和学生分别是文本解读的主导和主体。而教师与学生对文本的解读均是建立在其自身对文本的理解之上的，因此其自身因素对其文本解读水平起着决定性的作用。下面，将进一步分析影响教师与学生文本解读效果的自身因素，并提出相应的建议，以提高师生的中学英语阅读文本解读能力。

一、影响教师与学生文本解读效果的自身因素

（一）影响教师文本解读效果的自身因素

1. 教师的文本解读意识

意识对一个人的行为具有指导作用。具有文本解读意识的教师能够看到文本中蕴含的丰富内涵和价值，并深知文本解读对提高教学效果的重要性，因而注重对文本的挖掘，并懂得依据文本解读内容来组织教学。文本解读意识较弱的教师往往将阅读文本视作词汇、短语、句型和语法等知识点的载体，忽视文本解读。这样一来，后者对阅读文本的解读往往停留在对文本表层信息的理解和对语言知识点的把握，使得文本解读流于表面。

2. 教师的前期知识背景

这里所说的知识背景主要包括两方面。一是教师对文本解读理论和方法的了解。如果缺乏这方面的知识，那么教师将不知道该从哪些方面着手去解读文本，许多教师仅仅依靠在高校做学生时所学的文学理论，几年甚至几十年没有更新、改变，因此对文章的讲解还恪守着"主题思想和写作特点"的简单模式。二是教师在文学知识、文化知识等方面的知识储备。知识储备的匮乏将导致教师对于文本的一些魅力和内涵挖掘不出来。以体裁知识为例，如果教师缺乏对体裁特征的了解，心中没有体裁观念，用同样的模式、同样的方法去解读不同体裁的文章，必然会导致对文章的解读松散、缺乏整体性与内在连贯性和逻辑性。

3. 教师自身的理解能力

教师个体的理解感悟能力同样是影响文本解读的关键因素。理解能力强的教师能够在学生忽略掉的，以为是不言而喻甚至是平淡无奇的地方却发现了精彩，找到培养学生核心素养的着眼点；理解能力较弱的教师则往往疏于探讨和挖掘文本背后的深层含义，即使面对简单的文本，也会感到没有把握，对文本的高明美妙之处"视而不见"、浑然不觉，最终造成解读成果过于浅显，不能对阅读文本物尽其用。

4. 教师对核心素养目标的理解深度

就普通读者而言，对文本进行的分析和研读往往是一种文学性或个性化解读，即通过对话文本获得独特的体验与感悟。但就教师而言，对文本的解读应是一种教学解读。与单纯的文学性解读不同，教学解读在保持原有框架的同时，以教育任务为准绳，牢牢地控制文学解读对自己的影响，在对文学解读的新成果有选择吸纳的同时，又不忘保持自己的独立性。从这个意义上来说，教师是以一个教授者的身份，在英语核心素养课程目标的指导下，为培养学生的英语核心素养，对英语阅读文本进行解读。在这一过程中，教师要依据教学目标对解读成果进行教学化处理。因此，对核心素养目标理解的全面与否以及深浅程度直接影响到教师最终的文本解读效果。

（二）影响学生文本解读效果的自身因素

1. 学生的个体差异性

解读过程中学生对阅读文本的感受往往存在一定的差异。文本解读是一个动态的、充满灵性的感悟过程，是一种带有主观色彩的个性活动。由于遗传素质、社会环境、家庭条件和生活经历的不同，每个学生都是一个独特的生命个体，有着丰富而独特的心理世界。

面对同一篇阅读文本，每一个学生都会向其投射自己的个人喜好和心理需求，进而获得不同的阅读感受，这必然会导致每个学生对文本有着与众不同的解读和感悟。

2. 原有的知识储备

正如之前在图式理论中所提到的，相关的词汇和语法知识能使学生对文章中的语言信息进行解码，从而获得对阅读材料的理解；与文章内容有关的背景知识有助于学生对文本的隐含意义进行预测、选择和推测；相应的文体知识则能帮助学生了解文本的表达规律，把握文本主线，从而加深对文本的理解。因此，学生的语言知识、背景知识和文体知识储备量将直接影响其对阅读文本的自主解读效果以及对教师解读内容的理解接受程度。

二、提高师生中学英语阅读文本解读能力的建议

（一）提高教师中学英语阅读文本解读能力的建议

1. 树立文本解读意识

教师应"尊重文本，注重对文本的解读"。教师应认识到用于教学的阅读文本并非只是词汇、语法等知识点的堆砌，每个阅读文本都有丰富的内涵，是落实学生英语核心素养培养目标的主要凭借。只有经过深入解读，教师才能领会到这些阅读文本的丰富内涵和价值所在，进而确定教学内容，提高教学信度和教学效率。只有具备了上述意识，教师才会主动寻求文本解读的方法，提升自身的文本解读能力。

2. 扩大视野，丰厚自身知识背景

首先，教师要广泛阅读文本解读理论与实践方面的书籍，多阅读专家撰写的解读文章，更新自身的知识结构，增加对文本解读理论和方法的了解。这样一来，一方面教师可以用理论指导实践，逐步提升自己的文本解读实践能力；另一方面，有助于教师将自己在日常教学中积累的文本解读经验上升为理论，为自己和他人的文本解读活动提供指导。其次，教师要扩大自己的阅读范围和内容。教师不应满足于对学科知识的掌握，而应广泛涉猎文学、文化、历史等方面的知识，不断扩充自己的知识面。不同方面的知识背景能够帮助教师全方位地解读文本。

3. 注重提高自身的理解能力

这就要求教师大量阅读经典文学作品。好的文学作品总是包含着多重的，甚至具有挖掘不尽的意义。文学经典本身往往用词准确、深刻，蕴含着丰富的人生智慧和广阔的阐释空间，容易引起读者的共鸣。教师可以通过品味其语言中的深意，记录下阅读心得与体会

等方式来提升自己的理解与鉴赏能力。教师提高自身理解能力的另一个途径是养成独立钻研文本的习惯。许多教师习惯于粗略看一下文本，就看教学参考书，回头再依据教学参考书阅读文本，其后果是饮鸩止渴，久而久之丧失了思考习惯。教师应逐渐消除对教参等材料的依赖心理，在解读文本时进行独立思考，在对文本的多遍研读和反复琢磨中逐步提升自身的理解能力。

4. 明确文本解读目标

从微观上来讲，教师要想提高文本解读能力首先要明确文本解读的目标。对英语教师来说，文本解读的目标即提升学生的英语核心素养，包括其语言能力、文化意识、思维品质和学习能力。这就要求教师首先要通过查阅文献等方式增强对核心素养目标内容的理解，即明确文本解读目标的具体内容。在此基础上，教师要做到以这一目标为准绳，保持文本本意的同时牢牢把控住解读方向。教师可以先以一个普通读者的身份对文本进行文学性解读，再以英语核心素养培养目标为指导，筛选和处理解读内容，最终得到对文本的教学性解读。

（二）提高学生中学英语阅读文本解读能力的建议

1. 尊重学生的个性化解读

教师的文本解读最终目的是为了有利于学生与文本的对话，教师与文本的对话不能替代学生独立的文本解读；教师的作用不在于把自己的解读灌输给学生，而是不断引导学生在阅读中，积极主动地发现、建构意义，甚至创造意义。

尊重学生的个性化解读首先应尊重学生的真实阅读感受。一方面，教师可以为学生提供自由的阅读空间，鼓励学生进行自主阅读；另一方面，教师可以利用音乐、图画等多种辅助手段来增强学生对阅读文本的直观感受，让学生自然而然地生成个性化解读。尊重学生合理、真实的感受能有效增强学生解读文本的积极性。其次，教师应关注学生的个人思维角度。学生个性化的文本解读源于对问题个性化的思考与理解。教师可以通过设置开放性问题等方式来调动学生的发散思维，帮助学生形成对文本的个性化理解。

2. 激活、扩充学生的知识结构

阅读教学并不仅是教师把自己解读文本的体验和感悟告诉学生，而更应该是告诉学生文本解读的方法，让他们学会如何合理准确地解读文本。

一方面，在阅读前，教师应注重激活学生原有的知识结构。教师可以通过提出问题、展示相关图片等方式来激活学生原有的背景知识，从而减轻学生在接下来的阅读过程中读文本的难度，提高学生的文本解读能力；另一方面，在日常的教学过程中，教师应注重扩充学生的语言知识、文化常识、文体知识等。例如，适当地向学生讲解作家的写作风格以及作品创作的时代背景；在阅读说明文时，向学生补充说明文的基本结构特征以及常见的说明方式等。丰厚的知识结构将为学生今后的文本解读活动打下坚实的基础。

第四节　核心素养视域下英语阅读教学策略

一、明确英语阅读教学活动流程

在每节英语阅读课上，英语教师将要讲授的教材内容作为文本切入点、以英语学科核心素养的四个维度作为教学目标来分析文本主题、语篇类型，并在深入解读文本的基础上通过搭建支架的形式来将一些较为复杂的语料改写为符合"i+1"难度的水平，进而结合提前准备好的各种多模态媒体材料来创设有趣的情境，以便降低学生脑海中对于课堂内容的情感过滤程度，然后再以"问题链"作为支架设计出符合"英语学习活动观"的"学习理解类""应用实践类"和"迁移创新类"三位一体的阅读活动，让学生在"互动、同化、顺应、平衡"的一种动态过程中通过"自主、合作、探究"的方式解决问题，对文本进行意义建构，进而"习得"语言，最终提高阅读动机并改善阅读素养。英语阅读教学活动流程见表3-1。

表3-1　英语阅读教学活动流程

教学步骤		实施方式	教学目的	活动类型	理论依据
步骤一	文本解读	改写复杂语料（与原始语料对照呈现），确定文本主题意义与语篇类型，然后简要分析文章中可能包含的语言能力、思维品质、文化意识与学习能力（英语学科核心素养的四个维度）	为了便于针对不同的文本体裁和不同难度的语料来创设情境，用问题链搭建支架，使文本难度降至学生努力一下便可以理解的"i+1"水平，进而设计出三位一体的阅读教学活动	—	可理解性输入假设

	教学步骤	实施方式	教学目的	活动类型	理论依据
步骤二	确定主题	在新课标"人与自我""人与社会""人与自然"这三大主题类型中确定文本所属的主题范畴	为了方便下一步创设情境，所以要先确定主题类型，同时有助于教师利用自我参照效应来寻找学生的兴趣点		情感过渡假设
步骤三	创设情境	在导入环节中，让学生基于所给问题去观察、聆听幻灯片中与主题相关的段子、动静图片、歌曲、音频、视频等多模态媒体，营造并活跃课堂氛围	为了吸引学生的注意力，减轻其情感过滤的程度，激活已有的认知图式、经验、话题知识，将文本"兴趣化"	学习理解类活动	
步骤四	搭建支架	以"问题链"作为支架，用思维导图来呈现问题，问题类型根据活动类型从低阶上升到高阶，由封闭到开放，由客观到主观，活动与活动之间以问题进行衔接	让学生在对问题进行不断思考、寻找答案、解决的过程中深化思维品质，兼顾意义与形式，在"解构、建构、同化、顺应、平衡"的动态过程中达到甚至超越课堂的"i+1"层次		建构主义学习理论
步骤五	启发思考	利用文章标题、配图、对话等已有线索引导学生积极预判文本大意或文本下一个段落的内容	引导学生去证实或推翻自己的推论，帮助理解文本的逻辑意义，从而掌握文本的篇章结构		
步骤六	小组合作探究文	拼图阅读、信息沟通、抢答竞赛、解决问题、做决定、表演、交流看法进行辩论（给出关键词和准备时间及问题支架）	培养学生的自学学习能力、合作精神、解决问题的能力、良好的阅读习惯，增强阅读体验，从"阅读"到"悦读"	应用实践类活动	建构主义学习理论
步骤七	总结文本，展示输出	针对高阶、客观性、开放性的问题，给足时间让学生在分组讨论、合作后，以小组为单位将答案用英文写下来并试着进行英文脱稿回答	学生通过合作探究、取长补短、互相学习、解决阅读中的问题与困难，最终通过深层阅读完成对文本意义的建构、习得语言，提高阅读动机和阅读素养	迁移创新类活动	—

	教学步骤	实施方式	教学目的	活动类型	理论依据
步骤八	教师活动，以评促学	不打断学生的英文汇报，边听边记，在听有小组代表汇报完后逐一点评，先肯定长处，然后指出不足，给出有效的改进措施，最终基于各组的表现给出各自的课堂得分。最后，留出一分钟时间让全班学生用关键词写下自己的收获	通过学生在探究过程中的言行举止来完成表现性计价，通过小组最终的评比得分来完成形成性评价，再加上平时的大型测验这种终结性评价，最终形成三位一体的多元评价方式，从而通过积极的反拨效应来达到以评促学	—	—
步骤九	布置作业，巩固所学	基于本课语言点中的词汇、句型进行连词成句、连句成段、读后续写、读后仿写，并进一步将课上的输出性任务进行完善、拓展。同时，学有余力的学生可以预习新课	温故而知新，为达到下堂课的"i+1"而做好准备	—	—

二、优化英语阅读教学方法

教师应设计具有综合性、关联性和实践性特点的英语学习活动，使学生通过学习理解、应用实践、迁移创新等一系列融语言、文化、思维于一体的活动来获取、阐释和评判语篇意义，表达个人观点、意图和情感态度，分析中外文化的异同，发展多元思维和批判性思维，提高英语学习能力和运用能力。

教学过程是一个由教学目标、教师、学生、媒体等构成的相互作用的运动过程，是一个多因素、多层次、多功能的复杂系统。英语阅读可以提高学生的综合素养，使学生形成社会价值导向，建构民族核心价值。在学校教育中，英语阅读教学也必须承担起培养学生综合素养的重任。英语阅读教学不能只是侧重语言、结构，也不能只是信息的获取、观点的理解，更要关注其中所包含的情感、文化、价值观等。英语阅读是学生在语言学习中需要掌握的技能，也是目的语输入的主要途径，只有通过阅读，才能真正习得第二语言。以英语核心素养为导向和培养目标的英语阅读教学设计，以课堂教学为载体，以学生活动为中心，有效地融入英语学科核心素养的四个维度，可以极大地优化英语阅读教学，提升学生的阅读水平和阅读教学的成效。以核心素养为导向的课堂，学生协作交往，广泛互动，良好的课堂氛围，有深度的思维训练，为有效课堂教学的实施奠定了坚实的基础，提供了有力的保障。英语阅读是一个综合运用语言知识的过程，是一个学生积极投入和思考的能动的过程，也是一个创新性的活动实践过程。阅读是获取信息、学习语言的重要方式，也是通过与文本互动建构新的意义并获得乐趣的活动，读者通过阅读来了解世界和丰富自己。英语阅读教学设计必须以培养学生的阅读能力和阅读品格，培养学生的学科核心素养为最终结果。教学设计从根本上说就是要抓住教什么（what）、怎么教（how）、为什么要这样教（why）的关键因素，以及如何着眼于核心素养培养和促进学生有效发展的问题。

精心的教学设计可以克服教学的盲目性。在设计前充分了解文本特征，设计中紧扣"what、how、why"三个关键点，为优效教学设计奠定坚实的基础。英语教师通过阅读活动设计，首先带领学生去感知阅读材料，弄清楚"what"，即材料的基本内容；其次，根据阅读材料进一步探究"how"，即如何实施课堂教学；最后，在此基础上，需要进一步思考"why"，即为什么这么教。所以，在阅读教学设计中，英语教师要发挥主导作用，根据学生的实际学情，紧扣教学目标设计教学的各个环节，抓住文本核心，设置合理的、层层递进的教学任务。任务型的英语课堂教学目的是让学生在任务的驱动下学习语言知识和进行训练，有利于提高学生的学习兴趣和强化学生的学习动力，同时也有利于体现任务的真实性。英语教师要注重训练学生的思维，提升学生的学科素养，即不仅要考虑语言教学的重要性，更要考虑如何培养学生的思维品质；既重视知识与技能，又细心把控教学过程与方法，充分挖掘和升华文本，实现教学目标。

课堂教学是否优效，首先取决于教师的教学设计。英语教师的经验和智慧在教学设计中扮演着重要的角色。一堂英语阅读课设计的优劣，在很大程度上取决于英语教师的功底、积淀和智慧。英语教师的阅读教学设计能力直接关系到教师能否从专业的角度，充分挖掘阅读材料，从而进行科学有效的教学设计。据相关问卷调查，大部分英语教师的教学设计还存在一定的局限性，教学设计水平亟待提升。英语教师在教学实践中不断地反思、提升，积极研究和探讨，在团队的引领下提升自己的专业技能，才能提高整个教学团队的专业素养，提升教师的教学设计能力。英语教师专业能力和教学设计水平的提升，将克服英语教师在设计能力上的薄弱点和局限性，使教学设计在核心素养理念的指导下，更加贴近新的课程改革对教学和教学设计的要求，通过教师教学设计能力的提升来修正目前教学设计中存在的问题。针对阅读教学设计中存在的问题，在实践层面，英语教师应积极提升阅读教学设计能力，注重教学设计的整体性和关联性。

（一）以语篇为基础，培养学生的语言能力

英语教师在教学设计中，要以语篇为基础，注重教学设计的整体性和关联性。基于语篇的英语教学，要以语篇为单位设计和实施教学。在英语学科核心素养四要素中，语言能力是基础。语言能力指的不仅仅是理解和掌握英语语言知识和技能，更重要的是培养运用语言表达思想、进行交流的能力。英语教师在教学设计中，首先要尽量摒弃传统教学思想、教学设计方法的不良影响，要以语言学习为基础，围绕语篇进行教学设计，引导学生接触、理解、学习和使用语言。所以，英语教师要在认真研读语篇的基础上，梳理和提出每节课或每个单元中需要学生解决的问题，围绕问题，激发学生的已有知识和经验，引导学生整合与运用学科知识和技能去分析问题和解决问题。英语教师应该在阅读教学设计中调动听、说、读、写、看等途径，激发学生的阅读兴趣，帮助学生理解阅读材料中的重难点，带领学生真正融入课堂。

此外，英语教师应注重阅读教学设计的整体性和关联性。在阅读教学中，英语教师应引导学生在语境中围绕主题进行语言知识的学习，将整体语言理念融入教学设计过程中，研究语篇的整体建构规律，注重语篇的衔接性和连贯性，将教学中的各相关因素进行整合，形成一个完整的教学过程，并以教学思路来引领，有利于学生对于文章整体结构的把握，发展学生的语言技能，有效地促进学生语言能力的发展。尤其是当英语教师面临自己的教学任务重、考试的考点杂乱、阅读材料篇幅比较长、语言点难的时候，更应该避免只局限和聚焦到对语言、词汇和语法知识的讲解上，缺乏从整体上进行把握和设计的能力或者只关注到文本的部分内容，将词、句等和整个文本相割裂，而应该在阅读教学设计中，以不同的主线对关联信息进行重组，以学生更容易接受的方式呈现出来，挖掘和文本相关的信息和背景知识，鼓励学生将所学知识串联起来并灵活地加以运用，引导学生从语篇场景中体会到语言使用的准确性，使整个课堂显得充实，不至于杂乱无章而缺乏内在的逻辑性。

总之，只有以语篇为基础，坚持教学设计整体性和整合性的策略，英语教师才能引导学生对阅读文本进行深度学习，即把语言、文化和思维融合起来进行学习，而不是将它们分割开来，这样就能打破碎片化教学，使课堂严谨有序、浑然一体，培养学生的语言能力。英语教师在核心素养理念的指导下，以语篇为基础，将文本中的相关信息进行有机整合，从语篇的整体概念出发对文本进行设计，在不断的学习和实践中提升自己的专业素养与教学设计能力。

(二) 以文化为媒介，培养学生的文化意识

在教学设计中，英语教师要以文化为媒介，注重教学设计的差异性和交际性，培养学生的文化意识。语言承载着文化，语言是文化的一部分，文化是根植于语言之上的。英语课程标准更加重视文化学习，把"文化意识"列为英语学科核心素养的重要组成部分。掌握充分的中外多元文化知识，认同优秀文化，有助于促进学生英语学科核心素养的形成和发展。在教学设计中，英语教师首先要注重教学设计的差异性和交际性，要充分利用阅读材料中的文化元素进行文化对比，渗透文化教学，重视学生的情感体验和感悟，在潜移默化中引导学生感受各国各地的文化差异，了解词汇的深层次含义，在话题的选择、话语的形式与得体、语言的组织等方面，重视其所在的文化语境。另外，交际性是语言最重要的特性之一。在了解文化差异的基础上，进一步引导学生学会尊重和理解这些文化，用开放的眼光和自信的态度来面对，培养学生在跨文化交际中，准确、得体地使用语言，减少误解，顺利沟通，从而自如地与来自不同文化的人们进行跨文化交流，树立正确的价值观和道德观，以此内化为自己的个人文化素养。此外，英语教师应当重视在阅读教学设计中适当地进行正确的文化观和价值观的引导。在当今的信息时代，各种信仰、各种跨文化交际扑面而来，英语阅读教学中所涉及的语篇材料丰富，涵盖面广，在针对文本进行教学设计时，英语教师要充分挖掘文本中显性和隐性的文化元素，充分意识到不同文化的差异并引导学生在教学实践中理解和尊重这种差异，在潜移默化中让学生感受各国各地文化的差异性及多样性，深度挖掘阅读文本后的文化和其价值意义，重视学生语言文化的积累，有效地培养学生的跨文化意识，提升他们的国际理解力，实现育人目标。英语教师应注重文化积累，提升文化意识，以丰富的文化底蕴作为教学的基础，提升阅读教学设计能力，引导学生学习和尊重多元文化，从而实现对学生文化意识的培养。

(三) 以活动为载体，培养学生的思维品质

在教学设计中，英语教师要以活动为载体，注重教学设计的启发性和层次性，培养学生的思维品质。新课程标准提出了指向学科核心素养发展的英语学习活动观，明确活动是英语学习的基本形式，是学生学习和尝试运用语言理解与表达意义，培养文化意识，发展多元思维，形成学习能力的主要途径。英语教师设计课堂活动时，应紧紧围绕教学目的和教学内容展开，将学习活动的设计与教学目标密切关联，使教学活动具有启发性、层次性，从而有效地培养学生的思维品质。随着英语阅读课堂教学的展开，学生不断地思考，从简至难，由浅入深，从阅读的教材中提炼出更多的内容与内涵，这就是学会思考的过

程。学习活动中的思维训练形式多样，从观察、比较、分析、推断，到归纳、概念建构、批判性思维、创新思维的培养等都需要在教师的引导下，给学生更多的时间和空间进行思维的训练。

首先，英语教师应在英语环境下授课，利用相关的英语阅读材料进行教学。英语教师在教学设计中应增加课堂师生和生生互动的成分，倡导合作探究学习，逐步培养学生用英文思维的理解能力，引导他们用英语来表达和传递意图。其次，英语教师在阅读教学设计的问题设置上应重视启发性和层次性，要充分利用现代信息技术，改变传统教学设计中师生互动的单一的问答方式，以问题为导向，注重问题由浅入深，从易到难，并注重问题设计的关联度和逻辑性，在不同教学目标达成的过程中，充分挖掘学生的潜能，为学生创造语言实践的机会，培养学生的思维能力。最后，英语教师应为学生提供必要的时间和想象空间，重新审视学生的认知能力和知识水平，重新定位活动的难易度，激发不同水平层次学生参与活动的积极性，推动学生参与语言学习的内在动力，根据教学进度和计划，做出适时的调整。教师的有效引导，使学生在学习过程中积极思考，从低阶思维逐渐到分析、评价、创造能力，提升了对文本的深层解读能力，同时学生的思维水平得到了大幅提升。此外，英语教师应重视阅读教学设计中对学生进行读后思考的引导性。阅读课的教学目标不仅限于对文本的理解，还应该将学习进行延伸，例如，不能忽略对作者的写作意图、情感态度和立场的分析，要引导学生进一步进行探究性、合作性学习，培养学生的批判性思维能力。英语教师在教学设计中不能局限于对阅读材料文本的理解，深入思考如何设计课堂思维训练，倡导学生自主思考，综合运用多种思维方式进行探究式的学习，培养学生从低阶思维逐步提升到逻辑性思维、批判性思维和创造性思维的能力。

（四）以策略为指向，培养学生的学习能力

教师在教学设计中，要以策略为指向，注重教学设计的指导性和有效性，培养学生的学习能力。发展学生运用学习策略的能力是提高学生学习能力的主要途径和重要内容。英语课堂中的交际性活动以主题意义为引领，以语篇为依托，改变了教师的教学方式和学生的学习方式。学生主动运用所学，自如地进行言语交际，为培养学生学习能力提供了有力的保障。英语阅读课堂教学的进程是由教师设计的问题链驱动的，这一系列问题之间是否具有序列性、循环性和均衡性，直接影响到课堂进展的流畅程度和阅读教学的有效性。

要培养学生的学习能力，首先，英语教师在阅读教学设计中要充分发挥学生的主体作用，课堂从"知识本位"转向"素养本位"，以学生为中心，丰富课堂活动，给学生足够的时间和空间进行探讨与合作，鼓励思维碰撞，关注学生的全面发展。其次，英语教师要

避免教学设计的单一性。以英语学科核心素养的理念为指导，对学生进行多样化、全方位的培养。例如，培养他们的语言运用能力、跨文化交际能力、思维能力、学习能力等。在阅读教学设计中，英语教师要尽可能多地为学生提供语言实践的机会，以活动为载体，将教学过程交际化，引导学生逐步养成独立思考和自主学习的习惯，在大量的语言习得和语言实践中形成与语言学习相符的语言技能，提高学习的自主性，培养学生主动获取知识的能力，培养学生的自学能力，在学习中发现问题、解决问题的能力，从而使其形成自己的学习策略，引导学生在独立思考和自主学习的基础上，不断探究和创新，注重学习习惯和能力的养成性培养。在语言实践中，坚持学生主体地位，注重对学生学习策略的指导，使学生逐渐形成自己的学习策略，提升运用英语进行学习和解决问题的能力。另外，教师要注重教学设计的有效性，通过多种方法，对学生进行学习能力的培养，拓宽学习渠道，提升学习效率，形成良好的学习策略。教师积极整合教学资源，科学合理地设计教学，不仅关注课堂设计的流程，更关注学生的学习过程，关注如何指导学生进行有效的学习，重视教授阅读技巧和策略，努力促成课堂生成，促成学生能力的系统发展，促进他们的潜力和水平的发挥。有效的阅读教学设计是，教师对学生的学习策略进行有效的指导，教会学生学习和思考，使他们在面对课外拓展阅读时，不会显得束手无策；在面对困难和挫折时，才会敢于挑战，运用所学，尽力去解决问题，从而提升学生学习的有效性，逐步养成学生的自主学习能力。

（五）巧妙设置课堂提问，培养学生核心素养

1. 增加深层次思维能力的提问频率

语言能力的提高在一定程度上依赖于思维能力的发展，思维能力是在语言能力的基础之上所建立和发展的，二者关系密切，相辅相成。智能发展的关键点在于对学生的思维品质的培养。毋庸置疑，在中学英语阅读教学情境中进一步深入地落实学生思维品质的培养显然非常关键。

但大多数教师在处理阅读文本时，更多地采用对错判断的问题让学生回答。这种低层次思维水平的问题，完全无法引发学生大脑的深度思考活动。因此，在中学英语阅读教学中，英语教师可以尽可能多地设计一些综合分析类、推理类等关于高层次思维性的问题，或针对文本中的某一细节，让学生将信息归纳综合之后，提出自己的想法或意见。

此外，关于学生思维活动的灵活性的培养同样也应该是中学英语教学中的重点。林崇德指出，所谓思维活动的灵活性，是指思维活动的灵活程度，它有五个特点，即思维起点灵活、思维过程灵活、概况-迁移能力强和善于组合分析，思维结果往往是合理而灵活的

结论。而在英语课堂教学中，思维难度梯度小的课堂提问，对思维活动灵活性的发展极为不利，会导致学生产生思维惰性。所以，在真实的中学英语阅读教学情境下，英语教师应该通过研究教材内容，根据学生学情，设置难易程度适当的涉及发展思维品质的教师课堂提问，激发学生的思维火花，最终使学生逻辑思维能力的发展处于正常等级水平，甚至是更高等级水平。

2. 在设问基础上鼓励学生合作学习

学习能力是一项可持续发展且终身必须具备的能力。学习能力的发展和形成都要经过一定量的学习实践。那么，怎样才能在中学英语阅读教学中较好地实现学生学习能力的提升呢？这一点值得广大中学英语教育工作者深思。

教师可以在设问的基础上拓展学习渠道，如采取开发网络资源、利用校内外平台等方式。其中，资源的选取可以依据文本的主题特点、学生的年龄特点以及兴趣爱好进行选择。与此同时，教师也可以适时地安排学生彼此之间进行合作学习。当处于引导学生解决问题的阶段时，教师适当地组织学生采用合作学习的方式也是英语学科核心素养所倡导的。这样，培养学生学习能力的教学效益才能发挥到最大化。

3. 创设富有生活情景化的问题情境

英语学科在我国是作为一门外语语言类的学科进行教授的，与其他学科相比所不同的是，我国学生在生活中对英语学科的感受度较低。由于我国毕竟不是以英语作为母语的国家，在实际生活中用英语与他人交流的机会少之又少，因此，情境的创设在英语教学中显得至关重要。特别是在英语阅读教学中，有的文本材料不太贴近学生的日常生活，此时便需要英语教师在处理文本时，进一步搭建能联系语篇与学生生活实际之间的桥梁，为学生创设富有生活化的情境，引导学生感知文本并能主动地投入语篇的学习中，从而更有效地加强学生对语言知识及语篇的掌握与深层次的领悟。

以上这些富有生活化的情境设问，与学生的生活实际紧密联系，能较大程度地增强英语的工具性特点，使得学生在英语学习中不再是面对一串串毫无生气的语言代码，而是能够自如地在生活的情境中加以运用，最终达到有效教学的目的。

伴随着新课程改革的逐步深入，发展学生核心素养已成为教育活动所遵循的目标。我国英语学科教学目标经历了基于基础知识和基本技能的"双基"目标，到融合知识与技能、过程与方法、情感态度价值观的强调综合语言运用能力的三维目标，再到发展学生核心素养目标的转换。制定指向核心素养发展的教学目标是开展有效教学的关键，一线教师对于新课程理念教学目标的认识有待提升，如何制定有效教学目标以有效落实课程标准仍须实践经验。

第一节　中学英语有效教学目标与实施策略

一、教学目标的内涵及其价值

（一）教学目标的内涵

　　教学目标是课程与教学领域一直备受关注的问题，教育领域目标问题一般涉及三个层次的讨论：首先是教育的总体方向，即教育目的，其主要指国家、地方、学校教育所体现的教育价值，通过学习所获得的能够有助于社会运转的个体参与的人类活动；其次，体现不同性质和不同阶段的教育价值教育目标，指向教育目的达成；最后，教学目标则是依托于课程目标、在教学设计中体现的教育价值。① 由此可见，探析教学目标的内涵不能将其与教育目的和教育目标相剥离。英语学科教学目标通过英语课程学习和教学设计，体现基础教育领域学科学习的价值，发展学生英语学科核心素养的目标，落实培养具有中国情怀、国际视野、跨文化沟通能力的社会主义建设者和接班人的教育目标。

---

　　① 石洛祥. 英语·课程与教学目标解读：问题与思考 [J]. 当代教师教育，2014（6）：66.

我国的教学目标更多关注学生行为表现，认为教学目标是教师期望学生在完成学习任务后达到的程度，是预期的教学成果，是组织、设计、实施和评价教学的基本出发点。[①]英语学科课程改革后，教学目标实现了由三维目标到核心素养发展目标的过渡，对教学目标内涵的认识融合对行为和产生行为隐性支持的关注，如行为目标、生成性目标、表现性目标。基于此，教学目标是教师教学设计下的活动实施，学生参与学习活动后所体现的语言能力提升、文化意识养成、思维品质发展和学习能力提升，即英语学科核心素养发展目标。

（二）教学目标的价值

教学目标是开展有效教学的关键，对课堂教学具有重要意义。教学目标既是教学的出发点，又是教学最终的落脚点，一切教学活动都是围绕教学目标进行和展开的。可以说，教学设计最重要的内容之一就是明确教学结束后教师预计达成的目标。教学目标是教师教学设计时选择教学内容、确定教学方法和活动的主要依据，是对教师教学效果和学生学习效果评价的依据，有助于学生后续学习重点的确定和努力目标的制定，[②] 教学目标在教学设计中导学、导教、导评价的作用尤为突出。具体而言，教学目标对于学生而言有助于学生明确学习重点和学习目标，引导学生自主、积极地参与到教学过程中；对于教师而言，教学目标引导教师在特定教学环境下确定教学内容、教学重难点、制定教学步骤、设计教学活动以促使教学目标达成；同时，评价目标是否达成是检验教学效果的有效途径。

没有目标的教学是盲目的、无目的教学，明确的教学目标可以引发教师的有意注意，使教学聚焦目标相关的有意义的活动，排除无关紧要的干扰，避免教学随意性，提升学生学习效果。新课程理念下教学目标的价值体现在其有助于联结课程内容和学生生活实际，使学生享受愉悦的学习体验，促使学生全面发展。同时，教学目标能够有效落实开展教学评一体化的英语教学，以目标统领教学、评价、学习效果具备理论依据和实践切入点。总之，教学目标是教学活动的灵魂，是衡量教学活动的准绳，直接影响课堂教学效果。因此，教学目标制定是教师教学设计必备的职业技能。

二、中学英语有效教学目标的维度与特征

教学目标是有效英语教学得以实施的重要保障，提升教学有效性是落实教育改革、发

---

① 张金秀. 从课标到课堂：中学英语课堂教学目标实践反思与改进 [J]. 中学外语教学（中学篇），2010（3）：1.

② 夏纪梅. 现代外语课程设计理论与实践 [M]. 上海：上海外语教育出版社，2006.

展核心素养的硬核，有效的教学目标尤为重要。课程改革背景下教学目标由"三维"目标发展为融合语言能力、文化意识、思维品质、学习能力指向核心素养发展的教学目标。探讨有效教学目标维度及其特征能够明晰教师对有效教学目标的认识，并指导教师教学实践过程中定位及设计有效教学目标。

（一）有效教学目标的维度

教学目标对教师教学具有指导作用，有效的教学目标不仅局限于微观指导，主要包括三个维度。第一，教育目标。宏观引领的教育目标有利于教师的教学指向课程层面的目标达成和教育价值的体现。第二，单元学习目标。联结课程目标与中观单元学习目标，指导基于单元学习的教学。单元目标不局限于教材内容学习，指向学生学习的单位的目标，可以是基于教材形成的学习单位，也可以是跨学科的学习主题。教师依据单元目标进行大单元整体设计，单元目标是新课程背景下开展发展核心素养，落实深度学习教学的关键。第三，课时教学目标。课时教学目标制定对教师教学的指导体现在具体的教学活动和学习活动的实施上。

教学目标是教师教学实践前预期的学生通过学习活动后产生的行为变化。从学生发展的角度，教学目标维度聚焦学生通过英语学习活动所体现出的表现，即，学生会在哪些方面发生的变化构成了教学目标涉及的内容维度。具体就英语学科而言，教学目标需要包括四个维度的内容，学生在语言能力、文化意识、思维品质、学习能力四个方面所展现的知识、技能、态度和价值观念的变化。

教学目标是评价学习效果的依据，是开展教学评一体化教学的起点和归宿。有效教学目标从教学效果和学生学习效果评价该角度通常分为两个维度：过程性目标和终结性目标。终结性目标比较而言为一线教师所熟悉，其主要指学生学习结束后能够达成的效果，过程性目标则是学习过程中学生体现的态度、情感、兴趣、投入度等方面的目标预设。由此可见，教学目标不仅要指向学生任务完成的结果，同时要指向学生完成任务的过程性目标。

（二）有效教学目标的特征

教学目标在教学指导、学习效果、学习评价三个方面具有其特定的维度，有效教学目标应综合上述维度的内容，以实现教学目标导学、导教、导评价的价值。有效教学目标即以学生实际情况为出发点，以教材为依托，与学习活动相统一的具体、可操作、可检测的目标。具体而言，基于学情分析的教学目标能够符合学生需求，激发学生的学习动机，发挥激励功能，提升课堂教学的有效性。教材蕴含着国家制定的培养目标，以课程标准为纲领，精心研制以适切学生的身心发展、基于教材分析的教学目标是通过课堂教学完成课程标准要求的必要途径。具体、可操作、可检测性则是教学目标实施层面的特征体现，具体的教学目标可以与课时教学紧密联结，可操作性是教师设计教学活动落实目标达成的依托，可检测性将教学目标转化为衡量教学效果和学生学业达成的标准尺度。由此可见，有效教学目标的特征体现出教育目的、教育目标和教学目标之间的内在关联，指向学生核心素养的发展，并且对教学活动设计和学习效果评价具有实践指导意义。中学英语教师制定和撰写教学目标是教学设计的逻辑起点，应遵循有效教学目标的维度和特征，以提升教学效果。

三、中学英语有效教学目标的制定与撰写

教学目标的重要性和有效教学目标的维度与特征为教师开展围绕有效教学目标的教学提供了可遵循的依据。目前，中学英语教学实际情境下教学目标主题错位、缺乏可操作性、脱离实际、情感态度价值过于宽泛等问题导致目标制定未能满足要求，未能转化为对有效教学的引领。教师在教学目标制定和撰写过程中尚存哪些问题？有哪些可遵循的实践策略？本部分内容聚焦中学英语教学中如何制定有效的教学目标，以及如何撰写具体、可操作、可检测的有效教学目标。

（一）中学英语有效教学目标的制定原则

1. 基于素养发展要求

中学英语有效教学目标的制定首先要做到以落实课标要求为总领，在学科育人这一教育目标引领下制定核心素养发展的目标。这就要求教师在制定教学目标时从核心素养所涉及的语言能力、文化意识、学习能力、思维品质四个维度进行。教师在教学设计时要预设学生通过完成学习任务能够在听、说、读、看、写五个方面实现什么样的理解和表达意义的语言能力的提升。文化意识目标的制定应指向学生通过完成学习任务过程中或者学习活动结束后所表现出哪些跨文化认识、态度和行为取向。思维品质目标制定需要聚焦学生思维逻辑性、批判性、创新性的提升，以及学生问题解决能力的表现。学习能力目标则指向学生通过学习所形成的运用和调适英语学习策略、拓宽学习渠道等方面的意识和能力。遵循核心素养四个维度的制定目标是开展落实核心素养教学的保障，特别说明的是四个维度素养目标的制定原则并不意味着目标从四个方面分开陈述，或者说一课时的教学中等同关注，教师应依据实际教学情境、学生实际问题、教学内容制定出具体的重点达成目标，并

将其融入教学活动中的目标撰写。

2. 基于教学实际情境分析

教学目标是否有效体现在其是否围绕教学实际情境所制定。教师制定教学目标一方面由教学内容决定，同时要兼顾学生实际问题需求。教学内容方面，无论是国家规定的课程教材还是地方教材或者校本课程的材料，教师在处理一个篇章之前，要依据课程标准功能话题表以及教材中的单元目标认真进行语篇分析，确定该篇章的价值，解读文本中所传递的思想、表达情感、蕴含的文化，获悉教学内容对促进学生发展的营养价值，以此实现学科教学与中观教育目标相统一，促使宏观教育目的达成。

学生的实际情况和问题需求是实际教学情境另一非常重要的构成元素，是制定教学目标的重要依据，能够促进学生在原有基础上取得发展的教学就是有效教学，最近发展区理论强调学生在原有基础上的发展是课堂教学的期待达成的效果。教学目标的制定需要对学情进行诊断，基于学生的实际语言能力、对待英语学习的兴趣态度、英语学习的动机和投入程度、学习风格等影响二语习得相关因素，从而决定教学活动的形式及其展开方式。老师有目的地通过观察、访谈、问卷、作品分析、测试等方式了解学生有助于教师确定教学目标，以及实现目标的切入点和途径。基于学情制定教学目标对教学活动的指向性和学生发展的适切性尤为重要，关注学生作为学习主体的生活经验、兴趣、学习情况、认知水平和学习需求的教学目标是课堂教学有效性得以落实的重要保障。

3. 建构单元目标与课时目标逻辑

新课程改革背景下，新课标召唤着新教学。长久以来，基于课时的教学设计转化为大单元来设计，通过大单元学习促使学生形成大观念，落实深度学习，单元教学理念是本次课程改革具有时代意义的进步。教学设计要关注主题意义，制定指向核心素养的单元整体教学目标，在单元学习目标整体的引领下，制定课时学习目标，并厘清各个课时目标与单元学习目标之间的逻辑关系。单元学习目标的制定遵循整体化、情境化、深度化、活动化、自主化、意义化的原则。学生在学习完一个单元后，在核心素养四个维度发生认知、情感、态度等多方面的变化。

英语学科单元整体目标设计包括上文提到的静态教学文本分析和动态学情分析，单元教学目标促使学生实现单元主题的信息获取、语言能力发展、思维品质提升，是以融合发展为特征的整体目标，可以拆解为相互关联且逐层递增的课时教学目标。单元教学目标并不是课时目标的累加，而是统整课时目标，跨越教材、学科、时间和空间的学生素养发展目标。教师制定教学目标要建构单元整体目标及其与课时教学目标的逻辑关联。

4. 兼顾学习过程和学习效果

教学目标制定遵循的另一原则聚焦于学生学习过程中的表现和学习结束后效果的预期发展。学生完成任务所表现的语言能力、策略运用等长久以来是教学目标制定考量的要素。事实上，并不是所有学生都可以在学习任务完成后达成预期目标，导致预期效果没有达成，这是否就意味着教学活动无效呢？学习过程中表现性目标的制定可以促使教师有效处理预设目标和生成目标。更为重要的是，教师可以对学生学习过程中表现的态度、价值观、情感、毅力、努力等因素予以关注，尽管有些学生未能完全达成结果性目标，但是学生学习过程的表现目标达成有助于学生形成积极的学习态度、动机和兴趣，为持久性学习和自主学习提供支持和无限动力。影响目标达成的因素很多，关注预设目标和生成性目标应在教学设计目标制定时非常重要。事实上，有些教学目标是根据课堂实际教学情境互动生成添加而成，以预设目标为导向，在教学活动中生成新目标这种动态目标理念能够激发学生的创造性和价值性，实现对学习过程中教学智慧和学生智慧的捕捉。

（二）中学英语有效教学目标的撰写

在厘清教学目标制定的原则基础上，如何撰写教学目标同样是一线教师教学设计时较为困惑的问题之一。教学目标叙写的过程也是教师对预设目标再次加工的过程，并以可视化清晰的文字呈现。其既能够起到对教学活动的指导作用和学习效果的评价作用，又能够对教师的教学行为起到规范的作用。总之，如何清晰表述具体、可操作、可检测的教学目标是教学设计过程中的重要环节之一，教学目标叙写问题在国内外早有研究。

1. 表现性目标撰写

表现性目标包括五个成分，即情境、学习类型、行为表现内容或者对象、可观察行为、适用于行为表现的工具或条件。① 这五个维度的教学目标撰写是可以表述为"在……情况下，学生能够主题通过……"。例如，文学阅读课教师期待学生学习后能够厘清角色关系，那教学目标按照五维度则描述为："当被要求介绍奇迹男孩中主要人物角色间关系时，学生能够通过绘制人物关系图谱，澄清小说中主要人物角色关系。"从该目标表述的维度可以看出，其首先限定了情境，也可以说是在何种情况下学生呈现学习效果。学生对小说人物关系掌握与否的学习效果在该特定情境下得以呈现。学习类型是介绍人物关系，该行为的内容则是小说中的各个人物角色，可观察的行为表现为讲述，而绘制人物关系谱

---

① ［美］加涅，韦杰，戈勒斯·凯勒. 教学设计原理［M］. 5版. 王小明，等. 译. 上海：华东师范大学出版社，2018.

图是所运用的限定工具。目标五维度清晰地指向学生借助何种方式围绕主题内容完成所要求的特定情境中的任务。

2. ABCD 模式目标撰写

我国英语教学很长时间都遵循 ABCD 目标撰写方法。A 代表 Audience，主要指对象，也就是行为的主体学生。B 代表 Behavior，指向学生通过学习后的行为，这里往往是行为动词而非心理动作。C 代表 Condition 条件，也就是说上述行为是在什么样的条件下产生，比如，学生在不看文章的情况下复述故事，不看文章则是行为发生的条件。D 代表 Degree 程度，显而易见是对学生行为是否合乎标准或者程度的规定，比如流利朗读，流利就是对行为程度的标准。ABCD 目标撰写模型做到了以学生为行为主体，关注学生在特定条件和情境下的行为表现以及表现的效果。

ABCD 目标撰写法简洁、清晰、具体且较为精练，并且能够体现课时教学活动和目标达成的逻辑，是中学英语教学设计目标撰写较为普通的撰写方法。

四、中学英语有效教学目标的实施与达成

教学目标的制定是有效教学的起点和落脚点，如何使得教学目标的学理价值转变为实践价值？如何在教学活动中真正做到落实教学目标的教学是每一位教师不可忽视的关键问题。

英语学习活动观强调英语学习活动是促使英语学科核心素养发展的关键。基于英语学习活动观设计的学习活动，能够促使教学目标在学生参与语言学习活动的过程中实现行为、态度、价值观，实现知识到能力到素养的提升，即教学目标的达成。

教学评价在有效教学展开的过程中起到检查效果、诊断问题、反馈激励及调整教学的作用。教学目标是教学设计时所预设的学生学习结束后融合思维发展、意识形成、能力提升的行为表现，借助教学评价检验学生学习效果的同时也是检验目标达成与否的过程。因此，教师可以借助形成性评价手段检验学生参与学习活动过程中所展现的态度、动机、投入程度以检验学生表现性目标达成情况，关注预设生成之间的应然与实然。另外，教师可借助评价学生任务完成情况，通过诊断学生完成输出性任务过程中的行为表现，检验其与学习内容的匹配程度；制定评价量规，借助评价量规检验任务完成的效果，进而实现对目标达成度的检验。最后，教师还可以借开展自评、梳理目标有效达成的经验和途径，诊断反思影响目标达成的要素，反拨后续教学设计以保障有效英语教学的开展。

第二节　有效的课程设计策略

基础教育课程承载着国家的教育方针和教育思想。伴随着教育改革的不断深入，发展英语学科核心素养的中学英语学科课程体现出时代性、基础性、选择性和关联性，课程的育人功能尤为凸显。课程设计理念体现出既构建共同基础，又能够满足学生特性发展的需求，通过践行英语学习活动观发展学生学用能力，通过优化课程评价体系促进核心素养的有效形成，同时重视现代信息技术对教学的支持与服务功能，以及课程资源的丰富。在理解六要素整合的国家英语课程设计的理念与实施的基础上，依托于区域特征和学校育人文化的地方课程、校本课程的设计与实施，引发对有效课程设计的思考，研究者、一线教师掌握课程设计相关理念和有效课程设计原则，有助于国家课程的实施，有效地落实区域和校本课程的设计与开发，从而更好地促进学生发展，落实育人目标。

一、课程设计的基本知识

（一）课程设计基本概念解析

课程的英文 curriculum 一词源于拉丁文 currere，其意为跑道 the running，在学术界通常被看作是有目的地的旅途。现代英语词典中对 curriculum 的解释为 course of study，也有国内学者把课程解释为"学校对课程及其进程的安排"。[①] 尽管学界对课程的理解不尽相同，将其英文释义和中文解释相对比不难发现，课程可以理解为"通过跑的过程到达目的地"，也就是说课程指向学生"学习的过程"。由此可见，课程即指学生所要学习的内容及对所学内容的安排。课程包括学生投入的所有的活动，这意味着不仅仅是学什么，还包括学生如何学，教师提供什么样的帮助，选取什么语料，以什么样的辅助手段进行评价等。教学目标、教学内容、测试目标等与教学相关的促使学生学习过程的文件都是课程所蕴含的内容，宏观课程涉及教育理念、哲学思想、教育目标、整体规划等全局性的规划往往不由教师决定。[②] 但是教师仍然需要通过对于教学内容、教学活动的设计促使课程的有效实施。

---

① 夏纪梅. 现代外语课程设计理论与实践 [M]. 上海：上海外语教育出版社，2006.
② 龚亚夫. 英语教育新论：多元目标英语课程 [M]. 北京：高等教育出版社，2015.

课程设计主要是指一个国家、地区和学校对课程进行的整体规划。课程设计理念提出需要将组成课程的核心要素，如教育目的和目标、学科目标、学科内容、学习过程和教学评估等方面进行统一的安排。课程设计是通过提出问题作为大纲设计、教材编写、课堂教学与评估的理论基础，是收集学习需求原始资料，设计综合性教学方案发展学生语言知识、运用理论实践知识制定教学大纲，选编教材，选定方法，制定评估检测目标的过程。课程设计由一些具有内在关联和逻辑的步骤构成，是一个较为复杂的、系统的、融合多学科的过程。教师能够进行需求评估结果，从理论基础、教学目标设定、内容和教学方法选择、效果评价等方面进行整体计划，能够有效地促进学科课程的实施与发展。

（二）课程设计的必要性

课程设计能够有助于一个国家、地区或学校开展教育活动，是成功教学和达成目标的有效保障。有效的课程设计对教学管理部门、教师教学和学生学习三个维度具备着策划、指导、监控和评价的意义。随着教育改革的不断深入，信息技术媒体技术的迅速发展，新时期学生的学习处于一个不断变化的动态情境中，学习也不仅仅局限于国家课程及教材所涉及的内容。日益更新的知识使得教材学习与时代的迅速发展之间形成间隔，仅仅围绕教材进行语言知识的教学已不能满足时代发展的需求。

课程标准改革后，"校本课程"这一概念引发我国基础教育领域对课程这一术语微观层面的解析，该情境下的课程概念蕴含学校教育理念、教学内容，凸显学校育人文化及其为学生提供的"学习过程"。通过英语学科校本课程设计，创建引领学生追求健康生活的鼓舞人心的课堂是切实可行的目标。课程设计借此从宏观国家层面转为微观层面的课程设计与实施，课程设计应体现出对教学程序中各个方面、各个阶段、各个环节的设计，借此对一线教师的课程设计能力提出迫切需求。

然而很长一段时期以来，实际的教学中，教师大多是按部就班地完成国家课程中课本的教学，较多关注学生的学习成绩。在提供促进学生个性发展的语言学习课程方面较为缺乏理论指导、实践经验，教师课程设计的意识较为薄弱。事实上，教师应首先通过学习课程及课程设计相关理论，了解学生需求，基于教材主题和内容进行整合、设计并编写拓展学习项目和内容；其次，基于学校育人理念、学生实际需求设计满足个性发展的课程；最后，21世纪英语教师的角色不仅仅是按照教学内容教授知识的教学实践者的身份，英语教学的新趋势要求英语教师应该转化为一名具有多种技能的课程设计者，设计能够促进学生个性发展和生命成长的多样英语课程。

二、有效课程设计的基本原则

基于以上课程和课程设计的相关概念解析，有效课程设计的必要性和重要性要求教师在基础教育阶段提升课程设计能力，在国家课程的基础上，设计促使学生成长的英语课程。事实上，新课程背景下中学阶段较为成功的英语课程设计屡见不鲜，初步积累了一定的实践经验，呈现出百花齐放的状态。有些学校在英语教学中引入原版书阅读，开展"中学英语原版书阅读"课程化建设，还有学校进行分级阅读课程设计，依据学情提供多种支架；另有学校充分利用网络和媒体资源，进行"中学英语听说课程建设"或者"主题意义引领下的阅读资源建设"等校本课程的设计与实施；也有学校开展英语学科戏剧课程。教师角色在时代发展的背景下逐渐转为课程的设计者、实施者，努力探索如何为学生提供个性化、可选择的课程菜单。

在诸多实践探索的背景下，如何开展有效课程设计这一问题值得思考。王蔷等人依据泰勒课程设计理论提出课程设计要在目标确定时考虑学生的需求、社会的期待和各科专家的建议；选择有利于学生兴趣养成、思维发展、信息获取、态度形成的经验，并组织连续性、顺序性和整合性的经验；依据学生的发展状况评价课程效果。① 下面将探讨有效课程设计可遵循的四项基本原则，旨在引发教师对课程设计在学理层面的关注与思考，进而提升一线教师课程设计的能力和课程的效果。

（一）以国家教育政策为纲领

以国家宏观教育政策为纲领是课程设计的首要原则，教师在设计课程时不能仅仅关注语言学习内容的选择和组织，而要明晰课程设计的目标是什么，是否能够有效促使教育目的的达成，课程目标是否与国家宏观语言政策统一。

在课程目标的指导下，英语课程设计首先指向学生的语言能力、文化意识、思维品质和学习能力的提升，切实发展学生的英语学科核心素养。同时，课程设计者要考虑教育的社会、政治、文化和经济因素，使得课程设计能够满足社会发展的需求、体现外语课程对学生思想和意识的影响。以校本课程设计为例，其目标应与国家政策、教育目的和教育目标保持一致，使得基于课程的语言学习服务于学生个体成长和社会发展。

---

① 王蔷，李亮. 推动核心素养背景下英语课堂教—学—评一体化：意义、理论与方法 [J]. 课程·教材·教法，2019（5）：114-120.

（二）以诸多学科理论为指导

明确的课程目标有效地保证了课程设计的起点和终点，回答了为学生提供什么样的学习过程和最终达到什么样的学习效果的问题。但是课程内容的选择和组织、实施与评价等一系列课程设计的过程需要在诸多学科理论的指导下完成，课程设计者跨学科理论知识是科学、系统、优质课程设计的必要条件和理论基础。课程设计者应了解语言学对语言本质的描述，二语习得对语言发展的研究、教育学对培养和发展人的教学本质和教学规律的阐释、心理学对学生学习过程的研究等多领域的理论学习。基于多学科理论指导，教师能够形成对外语教学的认识，更加清晰地了解学生外语学习的心理过程，更好地把握学生语言习得的促进因素，关注学生学习的动机和学习风格，在此基础上整合筛选课程内容，选择适合的教学途径和教学方法，提升有效的课程设计的合理性和科学性。

例如，教学法相关理论对于课程设计中学习活动经验的选择方面作用尤为重要。我国的语言教学深受教学法相关理论逐渐发展的影响，经历了结构大纲、功能-意念大纲、任务型大纲的发展过程。任务型语言教学强调学生在完成任务的过程中发展语言能力和交际能力。基于对任务型语言教学的理论学习，课程设计者通过设计真实、依托于生活情境的活动任务，为学生语言运用的交际情境，辅助学生在真实复杂情境的问题解决过程中迁移运用语言，实现从知识到能力到素养的提升。课程标准提出要践行英语学习活动观，丰富课程活动设计。这就要求课程设计者从认知的角度关注学生在大量的基于语境的任务中接触语言，通过设计一系列的可参与的活动任务为学生提供丰富的学习体验和逐渐形成能力的学习过程。

再如，心理学相关理论在外语课程设计中具有很大的指导意义。以动机心理学研究为例，激发学生语言学习的动机是英语学习的关键要素之一，课程设计者可以依据动机理论进行课程设计，从内容选择和活动设置等方面关注对学生动机的有效激发。另外，有些学校开始英文动画电影赏析课程，调动学生英语学习的动机，并融入新媒体背景下多种资源，借助信息技术，设计线上线下混合式动画电影课程，关注学生个体差异性和学习风格，在二语习得相关理论指导下进行有效的课程设计。

（三）以学生个性发展需求为起点

有效课程设计原则要求课程设计者从学生实际需求为出发点，提供促进学生个性发展的课程。教师在课程设计初始阶段要了解学生的兴趣、能力、语言水平，或者是英语学习过程中存在的亟须解决的问题，在此基础上设置分层教学目标、知识内容，开展多元化、个性化的有效课程设计，以满足学生的目标需求和心理情感需求，促使课堂教学建立在学生的内在动机上。

　　然而，就中学英语校本课程的开发而言，在实践层面存在着课程设计与学生需求不一致的现象。有些教师局限于对课程开发的关注，却忽略了课程设计过程中对教学实际情境的分析和对学生实际问题需求的诊断，最终导致课程设计和实施的质量大打折扣，课程设计真正的意义未能体现出来。所以有效课程设计应遵循的基本原则要求教师要充分考虑实际学情特征，通过有效课程设计提供指向学生能力、策略、素养发展的学程，即课程。

（四）以多元评价手段为保障

　　课程评价应被视为课程设计过程中的一个重要环节，而不是结果，课程评价为课程的优化和完善提供有效的支持。多元评价手段是有效的课程设计的保障，课程设计者要从课程目标、课程内容、实施的效果、可接受性几个维度设计评价量规，通过访谈、问卷、课堂观察等多种手段收集课程实施过程中的质性数据，以检验课程设计、内容、教学方法、学生、活动任务等具体实施的效果，诊断课程设计和实施过程中凸显的问题，在此基础上不断调整优化设计，寻找更好的方法，提升课程的有效性。

三、有效课程设计的实践策略

　　厘清了有效课程设计的基本原则，为教师开展课程设计提供了理论层面的指导，那么具体该如何进行课程设计呢？有哪些可以供课程设计者借鉴的实施策略呢？下面将以加涅提出的教学设计 ADDIE 模型，即以分析（Analysis）、设计（Design）、开发（Development）、实施（Implement）、评价（Evaluation）为基础，并结合课程设计领域学者的主张探讨中学英语有效课程设计的实施策略。[①]

（一）分析（Analysis）

　　分析是有效课程设计的第一步，教学领域的分析和需求评价紧密相关，也就是说课程设计的首要任务就是要诊断预期状态和当前状态之间的差异。通过分析回答该课程设计在学生的教育中起到什么作用，该课程对学生个体发展有何促进作用，社会需求是什么，学生在课程学习结束后能够掌握哪些知识、技能和态度，能够满足哪些学生个体需求和期望等问题。

---

① 加涅，韦杰，戈勒斯·凯勒. 教学设计原理 [M]. 5版. 王小明，等，译. 上海：华东师范大学出版社，2018.

从课程设计的实施层面，课程设计者应从学情需求和学习情境两个维度进行分析。学情分析层面通过访谈、问卷收集学生的语言技能需求、认知发展需求、情感兴趣需求等信息，对比现有学习语料以诊断问题确定课程的目标，确保课程目标与国家课程目标保持一致。同时，课程设计的改变和创新受到政治、社会、经济等多种因素的影响，情境分析通过关注语言课程情境中的各种变量确保课程设计与实施的成功。课程设计者要评估课程对学习者直接和间接的影响，并将其融入课程设计的过程。课程设计者通过制订计划、收集数据、分析数据、起草报告完成需求分析，使得课程建设适应需求及其变化，完善现存状况和期待结果之间的"差距"（Gap），确保有效课程设计实施的顺利进行。

（二）设计（Design）

设计是在需求分析的基础上，依据目标制定课程蓝图、构建教学计划的过程，这就像盖房子一样，在知晓房子的用途的基础上，要设计房子的图纸清晰呈现房子的整体架构。分析的过程有效地将课程目标转为教学目标，更为清晰地界定学生在课程学习之后的提升点。同时，课程设计者要整体计划课程所蕴含的主要单元和主题意义、每个单元的课时安排、单元学习目标和课程总目标之间的逻辑关系、单元实施的顺序和活动安排等。设计环节能够形成课程设计的宏观框架，有效联结课程目标与课程研发，使课程设计实施过程不偏离预期目标，确保课程设计的系统性、科学性。

（三）开发（Development）

课程设计过程中开发这一环节主要指用于学习的材料准备，这是非常有挑战性的步骤，要求课程设计者梳理清楚课程内容涉及语料之间的内在联系，根据课程目标整合或者补充新资料，同时还要设计语料不同的呈现方式。教师可以根据学习现有课程内容进行拓展课程设计，开发出体现教师个体特征、教学风格的补充拓展课程。这种课程设计方式是现阶段校本课程开发较为常用的方式。不过，随着信息技术和媒体技术的发展，为课程开发提供了更为多元、丰富的资源，为教师开发全新课程提供了条件。例如，中学英语教学情境下有些学校开设演讲课程，在开发这一环节中，课程设计者就需要依据课程目标和需求分析，依照设计阶段构建的课程蓝图精选、细化、整合演讲资源，构建完整立体的课程体系。

课程开发环节团队的合作至关重要。课程设计团队需要发挥每一位成员的优势和才华，首先课程设计者要借助多学科的理论作为开发的支持，如语篇知识支持学习内容的选定、教学法、语言学和二语习得理论作为活动任务设计的依据，教育学、心理学相关知识作为教学顺利实施和学生学习进阶发展保障。同时，基于语言学科本身特性，设计环节还需要课程设计者具备跨学科知识或者与学科专家合作，确保课程开发的融合性。最后，课程资源的制作、购买等问题同样是设计环节要逐一落实的问题。总之，设计是有效课程落地的关键环节。

开发环节中语料选择很大程度上决定着课程的内容，课程设计者的语篇分析知识非常重要，其很大程度上决定了课程设计者对课程学习内容，即语言材料的选择。教师借助语篇分析相关知识对语料的主题、内容、写作手法，以及语篇结构等特征分析，依据课程目标、学生需求、主题单元精选出促进学生语言能力提升和生命成长的有营养价值的、高质量的语言学习材料是有效课程设计的基础。在课程内容选定的基础上，课程设计者语篇分析知识有助于课程活动任务的设计。文本解读被视为有效教学的逻辑起点，有效课程设计中的活动任务应遵循基于语篇、深入语篇和超越语篇的逐层递增，以此落实课程实施，促进学生学科素养发展的目标。

（四）实施（Implement）

有效课程设计只有通过实践层面的课程实施才能真正验证课程的效度，实施这一环节是有效课程设计过程中不可忽视的策略之一。实际上，课程设计应该具有动态性这一特征，也就是说课程并不是在开发环节后就一成不变，而是应依据课程实施的效果和课程目标达成的具体情况诊断课程设计的有效性。在实施环节，可以小范围先行展开试点性实施，然后再进行更为广泛情境的课程实施；也可以大循环纵向监控课程实施的过程，关注课程设计与开发在实践层面的效果。所以说，课程的实施不仅仅指完成课程规定的内容，而且是在实践中验证优化的过程，这一点和下面要讨论的评价环节不可分割。

（五）评价（Evaluation）

评价是课程设计过程中的最后一个环节，通过评价检验课程是否满足需求，是否促进目标达成，是否能够有效实施。该环节是检验课程设计、课程质量和效果的保证。课程设计中的评价并不局限于学生成绩的终结性评价，更多的是对课程展开的多元形成性评价，包括对内容、过程、学习者的反应和成就、教学效果等的多维度评价。该过程涉及课程设计和实施过程中的参与人员，例如教师、学生都是评价过程中的关键任务。通过问卷、访谈、课堂观察等手段获取对所设计课程的描述、感知、反思等，梳理课程设计所呈现的问题，并探寻问题解决的方法和途径，不断优化课程设计。

第三节 有效的教学组织策略

英语课程内容是发展学生英语学科核心素养的基础，包含六个要素：主题语境、语篇类型、语言知识、文化知识、语言技能和学习策略。这六个要素是一个相互关联的有机整体。按照教学的组织顺序，教学组织策略可分成课前准备策略、课堂组织策略及课外活动组织策略。

一、课前准备策略

在进行课堂教学前，教师有必要了解学生已有的话题知识和语言知识、学生的学习风格和学习习惯、英语学习的经验等。只有在掌握了这些信息的基础上，教师的课堂教学设计才会有坚实的基础，也才能制定出适合学生特点的教学目标，从而提高课堂教学的实效性。

课前准备策略主要目的是增进师生之间的了解，培养积极向上的教学文化，完成不同阶段教学内容的有效衔接。

（一）调查问卷策略

说明：让学生根据自己的情况完成调查问卷。

目的：教师了解学生的需求。

调查问卷可以帮助教师快速地了解学生的学习习惯、学习风格、语言学习的经验和看法、对英语教师的教学建议等信息。因此，新入职的教师或者起始年级的英语教师不妨在第一节课对学生进行问卷调查，了解学生和他们的需求。

教师可以根据自己的需要来编制调查问卷，或者在已有调查问卷的基础上根据学生的语言水平进行调整。同时，学生在课堂上完成一份调查问卷的过程，也是学生学习英语和运用英语做事的过程。教师在帮助学生完成调查问卷的过程中，可以很直观地了解学生的语言能力。

（二）记者招待会策略

说明：请学生向教师提问。

目的：帮助学生了解老师。

调查问卷策略是教师了解学生的一种有效的方法，那么如果老师想让学生短时间内了解自己，除了用常规的自我介绍以外，教师还可以用记者招待会的策略。

记者招待会的策略很容易操作，即教师请同学就自己提问。问题的内容可以涉及教师的兴趣爱好、教学习惯、教育背景等。在师生互动的过程中，学生了解了教师，教师也对于学生的语言水平、性格特点等有了直观的感受。教师可以根据学生的语言水平不同，在问题数量和回答规则上有所区别。

（三）名言格言策略

说明：教师分享关于学习、成长的名言格言。

目的：帮助学生明确学习的意义，成为自主学习者。

对于英语作为外语的学习者来说，由于缺乏语言环境和中英语言的差异，他们在学习过程中难免会有焦虑情绪。特别是对于青春期的中学生来说，他们自尊心强，害怕犯错误，要面子。这些都导致了学生在课堂上和英语学习过程中不敢去尝试，也成为英语课堂教学效果不佳的重要原因。

基于此，教师不妨在平时的教学中，定期给学生分享一些关于学习和成长的名言与格言，帮助学生在潜移默化的过程中吸收名言中蕴含的智慧，成为成熟、独立的学习者。

（四）求助策略——向朋友求助

说明：鼓励需要帮助的学生"向朋友求助"。

目的：培养学生之间友爱互助的精神。

在语言学习过程中，学生会遇到很多困难。遇到困难时，学生要学会求助。学生首先要学会向教师求助。学生向教师求助的益处很多，但是教师也要引导学生学会向朋友或同学求助。学生向同学求助有以下优点：第一，它能培养学生间的相互尊重和欣赏，有助于建设一个互助的学习共同体；第二，同学之间年龄相仿，更容易沟通和解决问题；第三，它可以减轻教师重复解答的情况，使教师更能够专注于解答其他个性化的问题；第四，学生掌握了一种解决问题或困难的方法；第五，在向同学求助的过程中，学生可以抛下面子等因素，认真倾听同学解答，质疑同学的思路，跟同学积极讨论等，这些都促成了学习的真实发生。

二、课堂组织策略（课堂活动的形式）

在师生之间互相熟悉后，特别是在教师掌握了学生的认知特点和学习背景后，教师就能够更加从容地制定教学目标和进行课堂教学了。根据不同的教学内容和学生特点，教师在教学过程中会采用不同的课堂组织策略。从课堂活动的形式来说，可以分成师生之间（教师对全体学生和教师对于一个学生）和生生之间（2人小组和4人小组）。下面，主要从活动形式角度介绍教师经常采用的课堂组织策略。

（一）快速应答/选择"过"策略

说明：让每个学生依次回答一个问题，或选择"过"。

目的：增加学生参与度，训练学生的自我管理能力。

在课堂教学过程中特别是在讲解一个知识点时，师生之间的互动（教师对一个学生和教师对全体学生）会比较频繁。常见的场景为教师给全体同学讲解一个语言项目，为了检查自己的教学效果，在讲解过程中，教师会对全体学生或者个别学生进行提问。师生之间的这种互动形式有助于教师提高课堂效率，集中解决学生的共性问题；对于学生来讲，他们可以集中注意力听讲，提高学习效率。

当教师希望更多的学生参与课堂时，可以请同学一个接一个地来回答问题。轮到某位同学时，他/她可以分享自己的想法，也可以只说"过"。当提出的问题可能会引起学生不同的反应时，这个策略尤为有效。

这个策略的好处在于它极大地增加了课堂的趣味性，提高了学生的课堂参与度。这个策略也照顾到了性格内向的学生。他们有机会大胆发言，分享自己的观点。此外，它还给了学生一个自我管理的机会。无论学生选择分享观点还是选择说"过"，都是学生自己做出的决定，这也是他们学会自我管理的机会。

（二）思维可视化策略

说明：让学生学会使用思维可视化工具。

目的：培养学生的思维能力。

由于学生的学习风格和学习习惯存在差异，教师很难在教学过程中满足所有学生的认知和情感需求。因此，在教学过程中还应该给每一个学生自我梳理、归纳、总结和反思的时间，这样才能有助于学生养成良好的学习习惯，培养学生成为自主学习者，增强学习效能感。

目前最常用的思维可视化工具有概念图、思维导图以及思维地图。这些思维可视化工具可以帮助学生更好地梳理信息，培养思维能力而受到教师的欢迎。"以思维地图的八大思维图示法为例，图示法中的每一种图都对应着一个具体的思维技能，如圆圈图用来支持头脑风暴和联想，气泡图用来描述或想象，双气泡图用来进行比较和对比，树形图表示分类，括号图表示整体与部分的关系，流程图表示事件之间的顺序关系，复流程图表示因果关系，桥形图则用来表示类比关系"①。

目前，互联网上有很多专门在线制作可视化思维图的软件和应用，教师可以将这些思维可视化工具和软件介绍给学生，让学生在梳理信息的同时提高自己的思维能力。

（三）同伴活动策略

说明：学生两人合作交流想法、解决问题。

目的：帮助学生缓解焦虑情绪，增加语言练习的机会。

同伴活动是英语课堂上常用的活动策略。学生在互相交流的过程中，能够缓解焦虑情绪，互相学习，提高学习效率，同时满足了不同学习风格和策略学习者的需求，也满足了学生对于社交和自由流利表达的基本需要。

同伴活动策略可以在许多情况下使用：

核对答案。教师在请学生回答问题前，可以让同伴之间互相练习或者核对答案。这样会缓解学生的焦虑情绪，提升学生的自信心。

语言练习。教师可以请同伴之间进行对话练习从而提高语言的熟练度和准确度。

互相帮助。同伴之间互相讨论共同解决问题。

分享观点。同伴之间可以就某个话题分享观点。

（四）小组活动策略

说明：同学组成4人小组，合作完成学习任务。

目的：培养学生的沟通能力和团队合作能力。

小组活动通常是4位同学组成一个小组，完成教师布置的任务。小组活动的优势很多。第一，在解决问题的过程中，学生可以提高合作能力和沟通能力。第二，学生可以大量使用英语，促进语言学习。第三，在完成任务的过程中，小组成员之间可以相互学习思考和解决问题的角度，提高解决问题的能力和认知水平。

在中学阶段，教师经常设计的小组活动任务主要有单元话题的讨论（如何保护和传承传统文化）、基于单元话题的任务（制作海报来宣传学校的俱乐部）或者单元话题的延伸

① 赵国庆，杨宣洋，熊雅雯. 论思维可视化工具教学应用的原则和着力点 [J]. 电化教育研究，2019（40）：59 -66.

（调查同学的饮食习惯）等。

首先，在课堂上开展小组活动时，教师要特别注意小组成员的分配。合理的成员配置才能确保每位同学都能够得到锻炼和提高。其次，教师还应该和同学说明小组合作的益处，特别是对于语言学习的促进作用，最大限度地得到学生的理解和配合，确保学生在合作过程中用英语交流。再次，教师不妨事先教给学生一些在合作过程中可能用到的英文表达，为学生用英语交流打下基础。最后，为了保证课堂的节奏和教学密度，教师需要在小组活动前明确小组活动的时间、规则等，从而确保课堂教学的有效性。

（五）小组内评阅作业

说明：学生评阅组内成员的作业，并写评语。

目的：学生相互学习，降低焦虑感。

小组内评阅作业有以下好处：首先，小组成员能够通过评阅作业看到别人的努力，从而提升自己对优秀的理解，最终达到小组成员之间良性竞争、互相促进的目的。其次，通过评阅他人的作业，可以学习他人解决问题的方法，反思自己的学习。最后，从"学生"到"评阅人"身份的变换可以给学生带来新奇感和使命感。他们认真履责的过程也是对知识理解和内化的过程。

在使用本策略之前，教师有必要向学生解释清楚如何去评阅他人的作业。比如，在认为可能拼写错误的词下面画横线；遇到不清楚的部分，在试卷的空白处画一个问号；在精彩的部分画一个笑脸等。

三、课堂组织策略（课堂活动的层次）

学生在主题意义的引领下，通过学习理解、应用实践、迁移创新等一系列体现综合性、关联性和实践性等特点的英语学习活动，使学生基于已有的知识，依托不同类型的语篇，在分析问题和解决问题的过程中，促进自身语言知识学习、语言技能发展、文化内涵理解、多元思维发展、价值取向判断和学习策略运用。

英语学习活动可以分为三个层次：学习理解、应用实践和迁移创新。具体而言，学习理解类活动主要包括感知与注意、获取与梳理、概括与整合等基于语篇的学习活动，如：教师围绕主题创设情境，激活学生已有的知识和经验，铺垫必要的语言和文化背景知识，引出要解决的问题。在此基础上，以解决问题为目的，鼓励学生从语篇中获得新知，通过梳理、概括、整合信息，建立信息间的关联，形成新的知识结构，感知并理解语言所表达的意义和语篇所承载的文化价值取向。

应用实践类活动主要包括描述与阐释、分析与判断、内化与运用等深入语篇的活动，即在学习理解类活动的基础上，教师引导学生围绕主题和所形成的新的知识结构开展描述、阐释、分析、判断等交流活动，逐步实现对语言知识和文化知识的内化，巩固新的知识结构，促进语言运用的自动化，助力学生将知识转化为能力。

迁移创新类活动主要包括推理与论证、批判与评价、想象与创造等超越语篇的学习活动。即教师引导学生针对语篇背后的价值取向或作者态度进行推理与论证，赏析语篇的文体特征与修辞手法，探讨其与主题意义的关联，批判、评价作者的观点等，加深对主题意义的理解，进而使学生在新的语境中，基于新的知识结构，通过自主、合作、探究的学习方式，综合运用语言技能，进行多元思维，创造性地解决陌生情境中的问题，理性表达观点、情感和态度，体现正确的价值观，实现深度学习，促进能力向素养的转化。

下面，结合这三个层次的课堂教学活动，介绍相对应的课堂教学策略。

（一）归类策略

说明：让学生对知识进行归类。

目的：培养学习策略，提升学习能力。

目前，学生英语学习中存在的一个问题是知识碎片化，学生无法将学过的知识进行有效的整合，因此在表达自己的想法时，往往会感觉到词汇缺乏或者词不达意，归类策略可以很好地帮助学生解决这一问题。

（二）课文活起来策略

说明：学生用不同的语气去表现阅读文本。

目的：体会语言使用，内化语言知识。

教师可以在学生理解教材文本的基础上，让学生用不同的情绪和语气对教材文本进行演绎，以此来体验语言学习的乐趣，增强课堂活力。更重要的是在此过程中，学生很自然地会意识到语言使用和交际场合、交际对象之间的密切关系，从而在平时的学习中密切关注不同交际场合的语言使用，提升语用能力。

（三）我是作者策略

说明：学生对阅读文本进行重新建构。

目的：提升学生的语言运用能力。

教师在学生理解和掌握教材文本的基础上，请学生对教材文本进行重新建构。比如，教师让学生重写阅读文章，使文章表达完全不同的意思；或者让学生转化视角，从不同的视角来叙述同一个故事。在解构文本和重新建构文本的过程中，学生不仅体会到语言学习的乐趣，也能够学会从不同的角度来思考问题，既练习了语言，又提升了思维品质，可谓一举多得。

四、课外活动组织策略

课外活动是课堂教学的延伸。好的课外活动不仅可以帮助学生巩固课堂学习成果，还能激发学生自主探究的热情，提升语言能力，进而形成良性循环。

教师在设计课外活动时需要考虑以下因素。第一，课外活动要基于课堂学习内容，并且要能够激发学生探究的兴趣。第二，课外活动形式要多样，易于学生操作。第三，课外活动的时长建议每天 20~30 分钟，不宜占用学生太多的时间。第四，课外活动的评价建议以鼓励学生为主，注重保护学生学习的主动性和积极性。

（一）可选择的作业策略

说明：学生可以选择教师布置的作业。

目的：培养学生成为自主学习者。

教师可以根据学生的语言水平设计不同层次的作业，满足不同学生的学习需求。教师可以将作业分成两部分：必做部分和选做部分。一般来说，必做部分是课堂教学必须掌握的核心知识和技能，因此要求全体同学必须完成。选做部分适合学习能力强且勇于挑战自我的同学。这样教师既保护了学习基础薄弱同学的自尊心，同时又满足了学习能力和成就动机强的同学自我挑战的愿望。

在必做部分，教师也可以给学生更多的选择。比如，教师可以列出三项作业，让学生选择任意两项完成。这样的设置，会使学生感受到更大的学习自主权，逐渐形成自己要为自己的学习负责的意识，逐渐成为自主学习者。

（二）我是推荐官策略

说明：学生定期推荐课外读物。

目的：提高学生阅读兴趣，培养阅读品格。

阅读对于语言学习的重要性不言而喻。如何激发学生的课外阅读兴趣，帮助学生形成良好的阅读习惯是目前中学阅读教学亟须解决的一个难题。目前课外阅读的种类很多，如原版的报纸杂志、小说、简化版的外文小说和分级读物等，这给学生带来极大的困扰。而定期开展阅读分享与推介活动就是激发学生持续的阅读兴趣，引导学生形成良好阅读习惯的一个有效策略。

由于学生的兴趣爱好不同，语言水平也存在一定差异，这种差异性使得分享和推荐课外读物更有意义。同时，来自学生的分享和推荐更有可信度，也更能激发学生的兴趣，节省学生选择阅读材料的时间。教师可以定期组织学生分享和推荐自己的课外阅读材料。学生可以通过演示文稿或者设计一份图文并茂的读后感进行分享和推荐。

（三）我是考官策略

说明：学生命制试题。

目的：培养学生的学习能力、归纳总结能力。

让学生当考官命制试题是很多教师采用的一个策略。它能够极大地调动学生的积极性，提升学生的学习能力。这是因为学生命制试题的过程就是复习、总结、归纳、提高的过程。为了保证试题科学，答案准确且有区分度，学生不仅要掌握本单元的内容，还需要拓展学习和主题相关的内容。另外，试题校对也需要极大的耐心。总之，我是考官策略有助于培养学生做人做事的能力，促进其全面发展。

需要提醒的是，在使用该策略前，教师应该给学生讲解试题命制的要求和注意事项。在试题命制的过程中，教师要给予学生充分的帮助和指导，这样才能发挥该策略的功能。

（四）趣配音策略

说明：学生给影视片段进行配音。

目的：提高学生的学习兴趣和表达能力。

趣配音策略指教师请学生根据自己的英语水平，选择时长一分钟左右的影视片段进行配音。教师还可以利用配音的应用程序，指定某一个影视片段，鼓励全班同学展开竞争或者鼓励学生选择自己感兴趣的片段进行配音并且上传自己的配音作品，供班级同学欣赏。在追求"原音重现"的效果中，学生的学习兴趣、学习态度、语音知识和表达能力都会得到提高。该策略非常容易操作，学生可以独自完成，也可以小组合作完成。

在课后实施趣配音策略时，教师要提醒学生选择内容积极向上、语言使用得体、发音清晰、易于模仿的影视片段。

（五）我是演员策略

说明：学生表演课本剧。

目的：帮助学生内化语言，提高语言运用能力。

如何把学过的语言运用到日常交际中是很多英语教师经常考虑的问题，我是演员这个策略就提供了一个很好的解决方案。教师可以让学生对教材的语篇改编成课本剧进行表演，或者请学生表演教材中出现的文学名著片段。和趣配音策略相比，本策略对学生的要求更高，挑战也更大。学生在完成表演任务后，获得的成就感也更强。当然，学生的改编、排练、演出整个环节需要得到教师全方位的指导和支持。

第四节　有效的教学传递策略

在英语教学领域，教学传递策略是指采用何种媒体传播模式，按照怎样的呈现顺序，通过怎样的一种形式将语言知识呈现、传递给学习者，并帮助学习者建构语言的综合运用能力。[①] 由此可见，教学传递策略是一个涵盖内容较广的概念，而并非固定的"公式"。教学传递策略的设计受到学习者的年龄、背景和学习风格、学习目标、学习内容、课型及教室软硬件设施等多方面的影响，因此，教学传递策略的类别也可根据知识的类型、学习者的风格等多种标准进行划分。教师需要根据上述的多重因素灵活地调整自己的教学传递策略，以取得最佳教学效果。但总的来说，设计教学传递策略的基本设计原则是统一的，即依照建构主义的学习理论，教师的设计需要以学生为中心；鼓励学生在情境中应用语言；倡导协作学习和学生对知识的主动探索和意义建构。

阅读作为四项语言技能之一，是学习者语言输入的主要途径。阅读教学在整个中学英语教学中占据重要位置，对落实英语学科核心素养具有关键性的意义。下面将参照教学策略的基本原则，从 PWP 阅读教学过程的三个阶段——读前、读中、读后切入，向读者呈现一些在中学英语课堂中常用的有效教学传递策略。英语教师在选择具体的教学传递策略时，一定要考虑到学情、教学内容等多种因素，做到具体问题具体分析，以保障教学传递的有效性。

一、读前教学传递策略

读前活动也称为阅读课的导入活动，通常在阅读课的最开始开展。其主要目的有四点：首先是帮助学生集中注意力，进入学习状态，奠定整堂课的基调和氛围；其次是激活

---

① 任小池. 基于建构主义学习理论的英语教学传递策略设计研究 [D]. 武汉：华中师范大学, 2009.

学生已知的与课堂主题相关的背景知识和语言知识，为接下来的阅读做好铺垫；再次是通过对将要阅读的文章做一些相关介绍，使学生对将要阅读的文章产生兴趣，从而提高他们阅读的期待，增强阅读动机；最后是帮助学生扫清部分语言障碍，减轻学生阅读压力，保障后期的阅读顺利开展。但在实际的教学中，部分教师并未充分意识到读前活动的重要性，有的教师甚至为了节约课时而跳过了这一重要的教学步骤，直接进入到阅读教学；表面上是节省了时间，但学生由于缺乏读前活动的铺垫，很难进入阅读状态，导致阅读效率低下。还有的教师则把读前活动仅仅等同于提出与课文内容相关的问题，然后让学生带着问题阅读课文。这固然是读前活动的一种形式，但除此之外，读前活动还可以以多种形式进行，接下来就结合具体的理论和课例向读者介绍三种常用的读前教学传递策略。

（一）图式激活与建构

就阅读理解而言，图式可分为语言图式、内容图式和形式图式。语言图式是指读者所具有的包括词汇和语法在内的语言基础知识；内容图式是指读者对阅读材料的主题和所属范畴的熟悉程度和相关背景文化知识；而形式图式是指读者对文章的体裁和篇章结构的把握程度。这三种图式相互补充、相互作用，共同影响读者的阅读体验和阅读效果。

学习是构建内在心理表征的过程。学习者并不是把知识从外界搬到记忆之中，而是以已有的知识经验为基础，通过与外界的相互作用来构建新的理解。进而言之，人们对客观事物的理解是利用图式从客观事物中抽取出其特点、本质或者基本的东西，并构建起它们之间的联系。因此，在英语课上开展读前活动过程中，教师在进行教学传递时要特别注意通过适当的媒介手段，促进学生已有图式的激活和新图式的建构。这里的已有图式包括学生的相关语言知识、内容背景知识和文章的体裁结构知识。同时，教师要引入本节课的阅读主题，帮助学生找到新图式与学生已有图式之间的联系，促进意义建构。

在读前活动中，教师要在深入的学情分析和文本分析的基础上，明确学生的已知和文本提供的新的信息，从二者之间找到关联，在课上通过充分调动学生的已知图式的传递策略，帮助学生建立新的图式，保障教学传递的有效性。

（二）创设情境

情境教学法又称视听法，是在直接法和听说法的基础上，利用视听手段形成的教学法。这种方法以情境为中心，充分利用视听手段以期培养学生的听说能力。在日常教学活动过程中，教师有目的地引入或创设具有一定情绪色彩的、形象生动的具体场景，能够引起学生兴趣，帮助学生更好地理解教材，得到发展。在英语课上，情境教学法也是一种常用的教学传递的方法，教师可以通过创设有趣的、学生熟悉的情境，带领学生进入本课的主题，在增强趣味性的同时激发学生的学习积极性。此外，信息加工理论指出，记忆按内容可分为形象记忆和情境记忆。情境记忆是指对个人亲身经历的、发生在一定时间和地点的事件和情境的记忆，属于长时记忆的范畴。因此，学生在情境中去体验和探索的经历会给学生留下深刻的印象，从而加深学生对知识的理解和记忆，形成对知识的建构。

随着科学技术的发展，多媒体辅助下的英语情境教学在我国外语教学中的应用已经相当普遍，得到了广大学生和教师的认可。多媒体技术是图形、图像、文本、声音、视频等信息传递方式的综合，给学习者提供多种获得信息的途径。教师可以灵活运用视频、动画、投影、音乐等多种的网络资源素材去创设与课堂主题相关的情境，让学生有身临其境的体验，充分调动学生的多种感官，营造轻松愉快的课堂氛围。

在读前活动中教师运用丰富的教学媒体资源，创设真实的情境，使学生沉浸在丰富的、自然或半自然的言语习惯环境之中，引发学生健康积极的情感体验，引导学生接触到相应的语言材料，并运用主题相关的语言表达自己对社会、对客体的认知和自己的内心感受，提高发现问题、分析问题和解决问题的能力。

（三）活跃思维和气氛

第二语言的习得会受到学习者情感因素的影响，如学生是否对学习充满自信，是否处在一个放松、舒适的学习环境中。因此，教师在课堂的开始就要努力帮助学生克服紧张、恐惧等负面情绪，降低情感过滤，创造一个良好的班级学习氛围，从而让学生收获良好的学习效果。教师可以根据学情，在读前阶段灵活运用游戏、竞赛等方式，激发学习的兴趣，吸引和集中学生注意力，让学生在轻松快乐的课堂氛围中一步步地深入主题。

预测阅读法是一种非常有效的阅读策略。学生根据部分文字提供的信息，如插图、标题、导语等对文章的内容进行合理推断，能激发学生对阅读文本验证预测的兴趣，提高阅读效率。预测阅读法会使枯燥乏味的阅读变得有趣，富有挑战性，可激发学生的阅读欲望，逐渐培养学生的理解能力和推理能力。教师可在读前活动的开展中应用这一教学策略，活跃学生思维，同时营造轻松积极的班级学习氛围。

针对同一文本，教师可以依据学情或者个人风格采用多种不同的读前教学传递策略，但是成功的策略都是能在导入主题的同时让学生处在一个比较活跃、舒适的学习状态中。教师可以充分调动自身的创造性思维，采用丰富有趣的形式带领学生进入主题。短短几分钟的导入能产生让人意想不到的好效果，教师应充分利用这一环节，为后面的阅读活动的开展打下基础。

二、读中教学传递策略

在整个英语阅读教学中，"读中"是核心部分。在该环节，教师将引导学生深入理解阅读材料，获取文本信息，进而对已知信息进行分析评价，最终使用信息；同时，学生将在阅读的过程中探索和体验不同的阅读策略，提高阅读能力，锻炼思维并为后续的读后高层次思维活动起到铺垫作用。学生能否真正理解文本所传达的信息，获得良好的阅读体验和思维锻炼就在于教师能否利用好这一阶段，运用恰当的教学传递策略保障教学传递的有效性。

只有当语言学习者接触到足够的可理解性语言时才能习得语言。理想的语言输入首先应该是可理解的，即难度水平略高于学习者当前的语言水平，从而促进学习者的语言水平由 i 向 i+1 发展，这就是著名公式 i+1 的核心概念。这就要求教师在教学中要选择难度适中的教学材料和教学方法，让学生感到有挑战性但又不至于无从下手，教师也应提供可理解的语言输入，来组织教学活动，为学生创设良好的语言学习环境。因此，教师在教学过程中，要提供给学生丰富的可理解的语言输入同时还有足够的耐心，给学生充分的时间去思考和内化语言。下面，就结合具体的理论和课例介绍三种常用的读中教学传递策略。

（一）语篇逻辑建构

阅读文本是阅读教学的材料和内容，是开展教学活动的内容依据。文本作为作者的思维产物，其表达具有逻辑性、批判性和创新性，其语言内容和表达形式是学生学习的关键。中学生正处于人生观和道德观形成的重要阶段，与文本的互动实践有利于他们构建或完善知识体系，提升解决问题的能力，逐步发展其核心素养。教师需要引导学生梳理语篇逻辑结构，内化文本内容，实现意义建构。

阅读教学中，可视化的教学工具能够帮助学生理清文本的结构和内容，将抽象的文本形象清晰地展示出来，促进学生的知识网络和逻辑的构建。常见的可视化的工具，包括思维导图和概念图等，针对不同的语篇体裁和结构需要采用不同的可视化工具的形式。研究表明，绘制思维导图的过程中，通过图的直观性特征可以找到新旧知识间的联系，从而促进新知识的理解与内化和新旧知识结构的整合。这种图形化表征还能充分调动学生的视觉，加快学生对所学知识的理解，并使抽象的记忆和思维可视化。因此，在阅读课中教师可以运用思维导图帮助学生梳理文本本身的内在逻辑关系，引导学生将其建构成一个有序的、条理化的系统结构。有时阅读文本本身内容和语言运用较为复杂，学生理解起来会感到有一些吃力，这时就需要教师给学生充足的阅读思考时间。在学生画完思维导图后，通常需要有一个自我检查、同伴分享、全班分享、二次修改的过程。在这个过程中，学生能够加深对文本的理解、锻炼语言表达能力，建立同学间互相学习的意识。

在文本内容和语言比较难的情况下，教师需要先带着学生整体梳理一下文章的大致结构和内容，如果生词较多的话也可以先处理一下影响文章理解的关键词句，以减轻学生后续画思维导图的负担。此外，绘制思维导图的时候学生需要深入、反复研读文本，所以需要的时间相对较长，教师在这个时候需要有耐心，给学生充分思考的时间。案例中学生绘制思维导图的步骤大致需要十分钟，这时教师可以走到学生中给予具体的帮助和指导，但不能因为要节约课时就很快给出答案，剥夺学生锻炼思维机会和深度阅读的体验。每一位学生的思维导图都经历两遍左右的修改，在这个过程中学生逐渐内化语言和文本内容，锻炼语言表达能力；通过同伴间的互评互助也能提高合作学习能力和批判评价能力。

中学阶段是学生抽象思维迅猛发展的阶段，思维导图可以将抽象思维形象化，体现出内容、情感、观点、评价等之间的内在关系，帮助学生看到知识间的关系，加深理解，促进思维活动。因此，在阅读中应用思维导图是一种很好的文本分析的方法，也是一种有效的教学传递策略，可以帮助学生建立网状知识结构，加深记忆。此外，思维导图还可以应用于词汇整理、语法知识点总结等多种教学中，教师可以根据自己的教学内容和学情灵活运用。

（二）提问与追问

教师提问的目的不同，所提出的问题类型也不同，但通常情况下可总结为：展示性问题即可以直接从文本中找到答案的"what"类问题，和参考性问题即不可以直接从文本中找到答案的"why"和"how"的问题。在英语阅读课上，为了引导学生通过对文本的层层剖析，提升阅读素养和思维能力，教师往往需要设计一系列引发学生思考的问题。这些问题围绕文本主题，逻辑严密，层次鲜明，共同组成了一个有机的系统，即问题链。

问题链是教师引导学生进行文本解读、发展思维品质的常用教学策略之一。问题链是教师按照教学目标和教学内容，根据学生已有的知识或经验，针对学生学习过程中可能产生的困惑，将教材知识转换成为层次鲜明、具有系统性的一系列教学问题。从教学功能的角度看，阅读课的问题链包括三类：引入式问题链、递进式问题链和探究式问题链。引入式问题链通常应用于课堂的导入环节一，在引入话题，为后续教学埋下伏笔的同时唤起学生注意，激发学生的阅读兴趣；递进式问题链意在引导学生由浅入深、由易到难、循序渐进地解读文本，发展思维；探究式问题链则是引导学生自主、独立地发现问题，培养学生的探索精神和创新能力，构建自身的知识结构。问题链不是一个个仅仅关注碎片化信息的小问题的堆砌，而是由基于文本核心内容的大问题引领、关键的细节性问题为补充的系统。这里的问题既包括教师课前做教学设计时根据文本内容设计好的问题，也包括课堂上根据学生的回答追问的问题。因此，教师能够在课堂上根据学生的生成进行巧妙的提问和追问是决定教学传递是否有效的重要因素之一。

教师课堂提问是外语教学的重要手段，对学生的话语输出起着重要的影响作用。有效的教师提问能够促进学生的话语输出，是一种重要的教学传递策略。因此，在教学过程中，教师应根据学情和教学内容，充分利用好提问和追问的环节，促使学生对所学的内容进行深层理解，使课堂成为学生进行语言实践的场所，帮助学生用所学知识进行真实的、具有创见性的话语输出，而不是简单机械地重复。

（三）搭建支架

支架式教学模式通常被认为由搭脚手架、进入情境、独立探索、协作学习、效果评价五个环节构成。王源帅在综合了国内外学者研究的基础上，总结出十类在英语阅读教学中常用的支架类型，分别是：问题支架、建议支架、范例支架、图式支架（其中包括背景知识、文化知识、文体知识和语言知识）、情境支架、情感支架、策略支架、反馈支架、工具支架和图表支架。[①] 教师在教学中搭建支架应遵循以下五个原则。

①适时性原则。教师要在学生需要帮助的时候采用恰当的方式向学生提供支架。

②动态性原则。在课堂上学生的最近发展区是随着学习状态不断发生变化的，教师提供的支架也应该依据实际情况进行动态的调整。

③个性化原则。不同的学生需要不同的支架，教师可根据每一个学生的情况进行个性化的支架设计。

④多元性原则。支架的供给是由多方来承担的，同学之间也可以互相提供支架，教师可以充分调动可利用的角色为学生提供学习支架。

⑤渐退性原则。当学生的能力逐步提升时，教师要循序渐进地减少支架的提供，最终撤走支架，给学生独立探索的空间。

在阅读教学中，教师可以通过搭建支架，帮助学生循序渐进地剖析文本、锻炼语言、发展思维，实现学习目标。教师课前可基于文本分析和学情对学生需要的帮助做出预判，从而为学生设计出教学支架；在课上要根据学生的学习情况，灵活地调整课前设计的支架，在学生需要指导时提供支架；在学生能够独立完成学习任务时撤走支架。

---

① 王源帅. 中学英语阅读教学中"支架式"教学模式的应用研究［D］. 济南：山东师范大学，2014.

三、读后教学传递策略（反馈评价）

读后（Post-reading）是 PWP 阅读教学模式中最后一个环节，能够检验学生学习效果和教学目标的实现情况；有效的读后活动还可以进一步发展学生的能力，为下一阶段学习做好铺垫，因而发挥着不可替代的作用。

读后阶段是学生语言输出的主要环节。人们在听或读（输入）的时候可以不需要句法加工，仅凭语境或其他相关信息理解意思。而在说或写（输出）的时候，则需要斟酌句法结构，从而使他人明白自己的观点或意图。这意味着与输入相比较，输出促使学习者花更多精力对语言进行深层次的处理，这样就进一步促进了学习者语言的发展。可见，输出在语言学习过程中起着重要的作用。

习得是在输入输出互动过程中产生的行为，学习者一方面需要正确理解输入的新语言成分，吸收内化；另一方面还需要内化语言，在不同的语境中灵活运用。只有输入与输出理论相结合，学习者才能真正完成语言习得，二者缺一不可。因此，在读后阶段，教师要给学生充分的时间在不同的情境中应用语言，实现语言和思维的同步发展。

（一）任务型教学

任务型教学法是一种强调在"做中学"的教学方法。任务型教学法强调以学生为中心，以学生的生活经验和兴趣为出发点，符合"以人为本"的教育理念。任务分为六种类型：列举型任务、整理型任务、比较型任务、解决问题型任务、分享个人经验型任务和项目型任务。学生在英语课上参与的任务活动是在学生学习、理解、体会语言之后在情境中运用所学完成任务。任务活动的目的不是机械地操练语言，而是注重在完成任务中学生解决问题能力的培养，以及过程中的参与和在交流活动中所获得的经验。因此，教师和学生需要更注重语言的意义而非语言的形式。

在英语阅读教学的读后环节中，教师往往可以通过布置一个围绕主题且贴近学生生活的任务，让学生以小组合作的形式运用所学去完成任务，从而验证学生的学习效果，也进一步提升学生迁移创新和解决问题的能力。有效的任务设置时给学生进行自我展示的平台，充分调动学生参与的积极性，发展学生的合作能力，进一步内化所学语言和内容，提升语用能力和实践应用能力。

（二）反馈

教学过程具有双向性，传播者和受传者都是积极的传播主体。受传者不仅接收信息、解释信息，还会对信息做出反应。这说明传播是一种双向的互动过程，借助反馈机制使传播过程能够不断循环进行。同理，教学信息的传播同样是通过教师和学生双方的传播行为来实现，所以教学过程的设计必须重视教与学两方面的分析和安排，教师还需要在课上根据学生的表现进行进一步的反馈和评价，使学生得到提升，以达到预期的教学目标。

课堂上学生的反馈是教师开展下一步课堂教学活动的依据，只有教师对学生反馈的信息进行正确的解码，才能够对已做出的教学信息传递是否有效进行正确的判断，从而决定下一步的教学环节中是否需要对教学信息进行重新传递或是否需要对教学信息进行复述。但是提供多少反馈以及何时提供反馈却是一个有争议的问题。一方面有研究显示，及时反馈可以使学生及时纠正错误。但另一方面也有研究指出，及时反馈或过多的反馈可能会干扰学生的学习过程，还可能导致学生过分依赖教师的反馈。在英语阅读教学课中的读后阶段，学生要对新学的语言进行应用，过程中不可避免地会出现错误。这时教师需要根据教学活动的形式和目的来决定在何时提供何种形式的反馈。当教学活动关注的是语言输出的准确性，那么教师应该在学生出现明显的语言错误后给出适当的纠正性反馈；而当活动关注的是语言输出的流利性时，那么教师在学生的语言输出还在进行的时候最好不要打断学生，可以在学生语言输出结束后对其过程中出现的错误进行集中反馈和总评。因此，教学反馈的时间要根据具体的教学任务和教学目标而定。

在英语课上，教师应根据实际的教学情况，适时地运用恰当的形式给予学生反馈。但目前的中学英语课堂上教师对学生的反馈普遍存在形式单一、内容空洞，还有教师在教学中忽略反馈这一环节。教师对学生的反馈应该是贯穿整个课堂的。

中学生在教师的指导下用思维导图对语法知识进行整理，可以构建相应的知识体系，然后绘出语法知识思维导图与同伴进行探究和交流，能极大地激发学生主动参与学习、主动建构知识结构的热情。因而，选择思维导图与中学英语语法复习教学进行整合，是促进中学课堂教学改革、提高学习效率的必然选择和切入口，能较好地达成基础教育课程改革的具体目标，推动课程改革。

第一节　以思维导图构建知识体系

一、思维导图的界定

思维导图是由主题、节点、连线、图像和色彩构成，从多维度来表达、反映、修饰和组织相关领域知识的网络结构图。思维导图，又叫心智图，是一种符合人类大脑认知方式和思维特点的思维工具。

（一）思维导图定义

思维导图是一种用文字、图像、色彩、线条等多种形式，来呈现和组织与某一主题相关的内容体系。它展现的是人脑思维的过程，建构的是知识的结构，形成的是知识的整体框架图。

（二）思维导图的绘制原则

1. 体现层级关系：虽然思维导图与大脑的发散性思维相符合，但并不是没有原则的涂画。思维导图的绘制要体现层级关系，中心词在正中间，以中心词向外发散出几个较为突出的中心主题，一般是四个大的分支，这四个大的分支代表四大并列关系的主题，之后的主题词再由这几大分支向外分散。思维导图使用的目的是使思维可视化、清晰化,因此绘制导图一定要体现层级性。

2. 图形的使用:思维导图的高效性体现在它能够调动左右脑协同工作,鲜艳的色彩和图形能够有效地调动右脑,激发右脑工作,如果能够用简单的图形来表示文字也更加高效、简洁。思维导图并不排斥文字,但应尽量减少文字的数量,尽量以图形代替文字,这样可以使思维导图看起来更加整洁,也符合其调动右脑工作的特点。

3. 色彩丰富性:思维导图的绘制要注意用丰富多彩的色彩来表现,鲜明多样的色彩符合思维导图调动右脑工作的功能。

4. 清晰明了:思维导图是大脑思考的写照,但并不意味着思维导图的绘制可以随心所欲,要保证构图的完整性和规整性,这样才能发挥思维导图整理思路、拓展思路的作用。

(三) 思维导图的特点

思维导图有一个中心词,通过中心词向外发散思维,将思维过程中想到的相关主题记下,并用线条将各级主题与中心词相连接,通过这种层级图的形式将这些相关主题与中心词之间的隶属关系表现出来。此外,思维导图注重图文并茂,相关主题的表示可以通过色彩鲜明的简笔画来表示,因此思维导图具有以下特点。

1. 发散性。思维导图一开始被用来记录笔记,避免了以往线性记笔记的低效,思维导图就是大脑思考的真实写照,通过中心词向外发散绘制导图,体现了思维导图的发散性。

2. 层级性。思维导图中的各级主题由中心主题向外延伸拓展而来,通过线条将各级主题与中心词相连接,体现了层级性。

二、借助思维导图培养中学生英语思维的有效策略

(一) 串联词汇,理顺思维

在中学英语学科中,词汇是学科知识体系的基础,同时,需要记忆的词汇量比较大,如果仅靠死记硬背难以有效地完成教学任务。但是在思维导图的帮助下,教师可以将词汇按照一定的顺序罗列在思维导图上,也可以将容易混淆的词汇梳理在一张思维导图上,这样学生就能实现对词汇的理解记忆,尤其对于易混淆的词汇,可以系统性地区别,精准性地记忆,既提高了记忆效率,也能牢固记忆。教师在利用思维导图对词汇进行教学的时候,需要带领学生确定中心词,中心词既可以是学生最熟悉的,也可以具有一系列单词都

共有的特点。然后以中心词为基础，按照一定的规律或者顺序将所有单词全部罗列在思维导图上，这样学生就可以以中心词为出发点，系统性记住相似的词汇，并且对词汇含义、用法等也能全面掌握。

教师利用思维导图培养学生英语思维的时候，要能引导学生多思考不同词汇的相同点，还要能思考相似单词的不同点，进而既能在大脑中建立单词体系，也能准确记忆各类单词。在思维导图完成之后，教师要引导学生经常翻阅，并且能将相关的单词继续罗列进去，实现思维导图的持续完整，实现学科思维层次的不断提升。

（二）融入语法，强化思维

语法是中学英语学科教学的难点与重点，语法的知识体量比较大而且极容易混淆，同时对学生英语学科核心素养要求比较高，仅靠题海战术难以帮助学生灵活应用语法知识。

所以中学英语教师要能将思维导图渗透到语法教学中，引导学生将相近语法知识罗列在一个树形图中，每一个语法就是一个"树枝"，每一个语法的关键知识点、注意点就是"树叶"。教师引导学生每完成一个语法的学习就将其罗列出来，充实到树形图中，这样就能实现新旧知识之间的系统比较，帮助学生理解语法知识，准确应用语法知识。在树形图枝繁叶茂的时候，就说明学生语法知识储备量已经足够多了。

例如，教师在讲解一般现在时和现在进行时这两个语法知识的时候，如果不进行系统性的对比，学生极容易混淆，在使用的时候也会出现"张冠李戴"现象。为此，需要利用思维导图教学模式，将这两个语法罗列在一张导图上进行系统性的对比，从而通过一个表格式的思维导图，可以将一般现在时、现在进行时的概念、构成方式和用法进行深入的对比以一个常见的例子来说明，实现了直观、具体、系统的学习目标，有助于学生对这两个语法知识深入理解。中学英语学科中的语法知识比较零散，结构的相似度也比较高，将思维导图应用到语法教学中可以使得零散混乱的语法形成一个完整的语法体系，建立语法知识框架，实现学科难点知识的有效突破。

（三）借助阅读，训练思维

阅读是中学英语学科最为常见的教与学模式，也是学生学习英语知识的关键途径，同时阅读理解也是学科考核的重点项目，为此需要加强对学生阅读理解能力的培养。阅读与理解是两项教学任务，阅读是细细阅读、慢慢品味，理解是深入思考、系统探究，所以阅读理解更强调思维，需要学生能多思考、多梳理、多总结。为此，教师可以引导学生借助思维导图分析作品的整体内容，利用思维导图建立起关于文章内容的组织架构，从而对文章的整体脉络有清晰的了解，能从整体上把控作品，能将作品以及每一段的中心句、中心词罗列到思维导图上，这样在完成练习题的时候就能得心应手。

同时，教师在为学生讲解阅读理解习题时，首先要让学生大体浏览题目内容，然后初读文章，再按照思维导图的要求对文中的重难点语句进行消化理解，以此高效掌握作品结构和内容，准确理解作品的中心思想和作者的写作意图。在借助思维导图完成阅读活动的时候，教师要引导学生不需要给每篇作品制作思维导图，而是要像随笔那样，通过零散的思维导图实现阅读收获的及时、有效梳理。

（四）实施写作，深化思维

中学英语学科写作是检验学生学习情况的最主要项目，也最能考验学生英语学科的能力与素质，所以教师要注重写作教学，要能培养学生的写作素养。写作不是单纯模仿，也不是单词的堆砌，更多的是能有自己的写作思路，能准确理清写作的架构，能懂得在什么地方融入自己的情感，保证写作成果有深度、有情感、有意义。为此，教师要采用思维导图教学，引导学生在正式写作之前，能用导图列明大纲与思路，将整篇作品的架构明确，并且能将点睛的词语、句子提纲挈领地记录在思维导图中，接着就可以按照既定的思路与模式开展写作。

综上所述，思维导图在中学英语教学中的实践应用对于提升教学效率、提高教学质量、培养学生学科核心素养具有重要意义，尤其对于学生的学科思维培养具有举足轻重的作用。为了实现这一教学目标，需要教师能将思维导图与学科思维结合起来，实现相辅相成的教学效果。在具体落实过程中，需要教师将词汇、语法、阅读、写作等教学结合起来，借助思维导图循序渐进地培养学生的学科思维，进而帮助学生理清英语知识脉络，建立英语知识体系，实现对学生进行学科思维的深入培养，也就能有效实现科学教学、深度学习的目标。

第二节　整合思维导图与教学创新

一、思维导图的整合

（一）科学设计思维导图，清晰整理教学步骤

中学英语教师设计思维导图需要遵循一定的原则，按照读课标、研教材、观重点、理

关系，绘制思维导图的步骤进行设计，这样既可以突出英语课堂教学重点和难点，又能节省教师备课时间和课堂教学时间。英语教师要将思维导图作为课堂教学的结构框架，紧密地控制课堂教学节奏，整理出清晰的教学步骤，更好地与中学生沟通交流，从而达到教学相长的目的。制作一份对学生有益的优秀的思维导图是需要英语教师多次修改的，不仅要发挥视觉上的想象力，更要具有创造力和引导性，建立个性化的风格，让中学生在思维导图的帮助下对英语学科产生浓厚的兴趣。

（二）灵活运用思维导图，锻炼学生逻辑能力

中学生学习英语的能力不仅表现在"爱学习"上，还表现在"会学习"上，中学英语教师要灵活运用思维导图辅助教学，帮助学生分析自身存在的问题，给学生提出改进的建议，以利于学生记忆、理解和应用英语知识。中学英语新课程标准提出，英语课程要优化学生的学习方式，提高自主学习能力，拓宽英语学习渠道，形成有效的学习策略，为中学生终身学习奠定基础。所以，英语教师在教学时不要太拘泥于形式，应跳出传统的线性思维的束缚，尽量使自己的思维处于一种被激发的和完全开放的状态，使中学生真正实现高效学习和学会学习的目标。

（三）学生制作思维导图，活跃英语课堂氛围

在现代中学英语教学中，思维导图的教学模式虽然已经得到普及，但是仍然有一些中学生对思维导图存在抵触情绪，认为思维导图绘制太难，不仅浪费时间，而且收不到理想的效果。因此，中学英语教师要做出积极的回应，改变中学生对思维导图的错误理解，引导中学生积极参与到思维导图的制作中，发挥学生的想象力和创造力，活跃中学英语课堂氛围。制作英语思维导图能把英语知识整体制作成一个系统的结构图，方便中学生阅读和记忆。制作思维导图最重要的原则是运用联想思维、形象思维和直观思维，中学生的个性逐渐成熟，思维活跃，在制作思维导图时具有得天独厚的优势。英语教师要鼓励学生广泛涉猎各种知识，使枯燥杂乱的知识变得生动有序，提高学生的学习效率。

二、借助思维导图培养英语思维

（一）借助思维导图培养英语思维的概述

中学英语思维指的是学生在学习英语知识的时候，少了一些死记硬背，多了一些理性思考，会结合自己的思考习惯以及思考能力去深入探究英语知识，以实现深层次的教与学

的目标。由于英语思维更多体现的是抽象性的特征，难以直观触摸到或者观察到，所以必须借助与英语思维一脉相承的思维导图来开展教学，以此将思考的过程直观地展示出来，将思考的结果形象地表达出来，这样有利于学生认识英语思维的本质，进而能找到思考的方向与路径，从而实现英语思维的有效建立。在利用思维导图来培养学生英语思维的过程中，需要教师能带领学生深入思考，并且对思考的过程进行再加工，最后以一种更加直观的图形来表示思考的过程与结果，使得思考过程条理清晰、逻辑系统。这种思考过程与结果是以某种放射性的形式进行展示，并且图文并茂，具有具体、直观、多样、形象等特点。将思维导图应用到学科教学中，可以实现多重的教学目标，尤其是对传统教条式的课堂教学具有重大的变革作用。对于中学英语学科而言，其知识点并不是凌乱和毫无关联的，而是一个体系，包括词汇、语法、阅读与写作，只不过会被安排在不同年级、不同章节中，如果教师以思维导图为课堂教学模式，可以帮助学生更深入地思考知识点之间的联系，将相关知识点串联起来，形成一个完整的知识体系。这样不仅使学生的学习效率提高了，而且教会了学生表达与应用。

（二）借助思维导图培养中学生英语思维的作用

1. 直观展示英语思维，激发学生思考的热情

因为缺少社会环境，没有有效的英语语言氛围，再加上英语学科知识体量非常大，如果教师不能立足中学生身心发展特点创新利用一些新型的教学方法，那么学生在学习英语的时候，不会调动思考的热情，只能靠死记硬背来完成知识点的学习。但是在思维导图教学模式下，课堂教学不再是教师"口若悬河"，学生也不再是学习机器，而是可以思考、可以质疑、可以探究的活生生的个体，可以体会到思考带来的乐趣与高效，能更加轻松地学习英语知识，从而为英语思维的培养奠定坚实的基础。通过一个简单的思维导图就能将看似无穷无尽的知识直观罗列出来，通过简单的思维导图就能在思考中感受到英语作品的深刻内涵，这样学生就能快速完成学习任务，满足学生的成就感，进而助力学生更愿意积极思考，提高思考的主动性与积极性。

2. 交流碰撞英语思维，活跃课堂教学的氛围

过去教师是教学课堂当仁不让的主角，整个教学活动就是自己的独角戏，学生只能昏昏沉沉地端坐在课桌旁，犹如学习机器。但是在思维导图教学模式下，课堂教学的主体地位逐渐地还给学生本人，引导学生根据思维导图的英语知识框架学习新的知识，并及时发现问题，在遇到棘手问题时也会在思考之后找教师探讨解决，从而使师生有了交流的话

题，有了互动的机会，有了探究的可能。在这个过程中英语思维会发生激烈的碰撞，会因为某一个观点、理解而发生"争吵"，在这个过程中既实现了对学生学科思维的进一步培养，更有助于课堂教学氛围的活跃、积极。

3. 有效培养英语思维，提高课堂教学的深度

过去中学英语教师教学不关注学生学科思维的培养，片面地认为英语属于文科，只需要记忆和练习即可，导致学生不愿意也不会思考英语知识，实现不了深度学习，也不利于学生学科核心素养的培养。在教育新时期，中学英语新课程标准明确要求培养学生学科思维是课堂教学的主要目标，也只有学生具备了学科思维，才能实现深度学习，才能学会如何思考、如何探究、如何学以致用。在思维导图教学模式下，教师可以带领学生深入思考如何重构知识框架，帮助学生理解英语知识的内在联系，进而形成科学的英语思维。

4. 深入应用英语思维，提升课堂教学的效率

应试教育时期灌输式教学模式和题海战术虽然可以提高学生的考试成绩，但是需要花费学生非常多的时间与精力，而且这种学习成效是短暂的，因为学生没有建立知识体系，每间隔一段时间就需要复习，导致课堂教学效率非常低。但是在思维导图教学模式下，相似的知识点被串联在一张思维导图上，学生在思考中实现了每一个知识点之间的联系，这样只需要记住思维导图的中心点，就可以实现对所有知识点的有效记忆与理解，以此摆脱了死记硬背。学生在深入思考之后就能将学科知识融入知识体系中，这样能有效提高教学效率，实现学生包括阅读理解能力、语言素养、表达能力、写作能力、人文修养等关键能力和核心素质的培养。

三、利用思维导图实现中学英语教学创新的建议措施

（一）语法教学中的创新

当前中学英语教学中，由于英语语法的复杂性以及与中文语法的冲突、语言习惯等因素的影响，导致很多中学生对于英语语法的学习提不起兴趣，甚至经常出现英语语法与中文语法混用的错误。而在中学英语语法的教学中引入思维导图的学习方法，利用构建明确的系统图等展示英语语法之间的关系，明确语法的特点等，提高了中学英语语法知识的系统化，从而大大降低了学生学习语法的难度，更利于他们记忆语法特点等。此外，通过思维导图来展现语法的特点，还可以帮助学生更好地区别于中文语法，避免出现两者混淆的情况发生。比如，运用思维导图进行英语虚拟语气用法的学习上，一般常见的虚拟语气学

生不容易记住，而且容易混淆，但是用了思维导图就比较好记了。

（二）单词教学中的创新

解决当前中学生在英语学习中单词记忆方式过于死板，单词记忆效果不佳的问题，是提升中学英语教学效果的重要方面。在很大程度上，学生英语单词的掌握情况决定了他们的考试成绩，因此，增加单词量也是中学生学习英语的主要方法。但是，实际上在中考或者高考等压力下，学生往往普遍采用过于死板的记忆方法，英语单词的掌握情况并不理想。而中学英语教材在单词的罗列上也缺乏系统性和连贯性，从而导致学生单词记忆情况不佳。而引入思维导图的学习方式，有效地对中学英语教材中零散的单词进行系统化的规整，并通过思维导图的系统图揭示不同词汇之间的关系，更有利于学生进行联想记忆，从而大大提升了他们记忆单词的效果。比如在记忆单词的过程中，利用思维导图展示前缀、后缀词汇的联想词。

（三）阅读教学中的创新

相对其他学习阶段，中学英语学习除了要求学生掌握更多的英语词汇的同时，还要求他们拥有更高的阅读能力。利用思维导图的方式可以有效地提升中学生英语阅读的效果。过去很长一段时间以来，相当一部分中学老师为了追求更好的考试分数，往往采用单一陈旧的阅读教学方式，缺乏阅读教学的创新，学生英语阅读效果长期得不到提升。通过思维导图的方法，可以使学生快速地理清阅读内容的逻辑结构等，极大地帮助学生在短时间内掌握阅读内容的核心思想，从而提高他们的阅读效率。此外，从思维导图应用的本质可知，其最大优势是将零散的知识点系统化和具象化，从而让学生能够在短时间内掌握不同知识点的内在联系，帮助他们从整体上进行系统化学习，提升学习质量。同时，这样还可以有效地增加他们参与深入学习的兴趣。

新时代现代教育体系改革的趋势下，利用思维导图方式实现中学英语学习的思维化，利用思维导图实现中学英语课程知识的系统加工处理，不仅大大提升了学生的学习效果，同时也有效地降低了英语的学习难度。可以说，思维导图方式的推广应用，不仅是学生学习知识的一种技巧，也是锻炼强化学生系统意识、逻辑思维能力的重要手段。与其他学习手段相比，当前积极引入和利用思维导图的方式实现中学英语教学的创新对于降低当前中学英语学习的难度，增加中学生学习英语的自信心，提高他们学习英语的能力，进而对提高他们的英语成绩发挥着极为重要的积极作用。

第三节 借助思维导图培养英语写作能力

一、思维导图在中学英语写作教学中的作用

（一）有利于丰富学生的词汇量

很多学生在写作的过程中，都会出现词汇量匮乏的问题，往往会通篇大量地使用一种词汇表达，使得整篇文章的质量也很难得到提升。而在思维导图的支持下，就能够很好地通过一个主题词汇，来延伸更多与主题词汇有关的其他词汇，更好地让学生文章的词汇量丰富起来。其次，部分中学生对于一些词汇的运用技巧掌握得也不够扎实，而通过思维导图就可以构建一些词性相同、词意相同以及用法相同的词汇，更好地指导学生运用到写作当中，进一步丰富学生的写作素材，更好地提升学生的语言组织价值。

（二）有利于构建清晰的写作思路

在中学英语的写作中，一般是根据某一主题或者话题来展开写作的。在这一过程中，学生清晰的写作思路是十分重要的。写作思路是让学生对文章的整体结构进行构思，更好地明确怎样去写。其中在写作思路的构建中，思维导图可以通过分段等形式，将每一段或者每一个点的主题词汇进行展示，来搭建整个写作的框架，学生能够更好地让明确写作的具体思路，并结合话题的要求来展开文章，让写作条理更加清晰。

（三）有利于丰富作文内容

很多中学生在进行英语写作时，都会面临作文内容不够丰富的问题，在语法的使用上不够准确，使得文章的内容整体较为单调。而在思维导图的模式下，学生可以用思维导图围绕一个主题词汇或者用途等，来进行展开构思写作的具体内容。

（四）有利于形成良好的写作习惯

在思维导图的模式下，学生在写作中也能够更好地避开一些错误的表达以及错误的使用形式，更好地提升写作的质量。按照思维导图的形式，来更好地提升写作的效率，养成良好的写作习惯。同时，思维导图的形式也能够提升学生对写作的积极性，帮助学生建立

起写作的自信心，更好地应对在英语写作中存在的困难和挑战。

二、思维导图框架下的中学英语读写教学模式建构

（一）读与写结合实现的依据

全语言教学是将几门互相结合的学科作为基础。与建构主义学习观一样，全语言教学观也将学生视为教学的中心。学生学习到的语言应该是一个整体，而不是把语言知识分割成词、句等片段，而阅读与写作作为两项重要的英语技能，本来就不应该是分割的，语言的输入与输出也应该是整合的、连贯的。阅读过程中，作者与读者并非面对面，但是可以通过语言来交换信息交流思想的过程，这是一个互动的心理过程。读者在解读文章的时候试图用自己已有的背景知识和亲身经历对作者的想法、观点进行推测和理解。读者在阅读的时候也会对文章的主题和事情发展的走向进行推理、验证等一系列过程，这就是阅读理解的过程。也就是说，只有作者和读者的背景知识也可以理解为共享知识，推测的猜想能够达到一定程度的统一，阅读的成功才能得以实现。阅读是一个复杂的心理过程，阅读过程中不仅涉及读者的语言知识，读者对与主题相关的背景知识的掌握多少和对作者写作的认同和认识也同样重要。读写结合教学符合全语言教学观的整体化课程观和生成读写理论。

（二）中学英语读写结合教学模式构建

教学模式是将一定的教育思想体现在具体的教学过程中的一种方式，教学模式为教学提供框架，具有指导作用。教学模式是连接教学理论与教学实践的桥梁。下面，使用思维导图作为理论框架，构建一种读写结合的教学模式，以提高中学英语读写结合教学的效率。从四个要素入手，构建教学模式，即教学目标、教学过程、教学活动和教学评价四个要素。其中将教学过程设计为"两个阶段六个步骤"的教学模式。两个阶段，即阅读阶段、写作阶段；六个步骤，即：①阅读前启动原有图式；②阅读中构建新图式；③阅读后巩固新图式；④写作前通过阅读激活背景知识，确立写作框架；⑤写作中通过凸显思维来选择词汇变换句式；⑥写作后修改文章。

1. 教学目标

教学目标是对教学活动能够达到怎样的目的的一种表述。从三个维度来表述：知识与技能目标、过程与方法目标、情感与态度目标。

知识与技能目标：思维导图框架下的读写结合教学模式知识技能应体现思维导图的运

用特点。知识包括学科知识、词汇语法知识，也包括与阅读和写作有关的背景知识。这些知识包括大脑中原有知识与新知识的整合。运用思维导图可以通过同化和顺应不断将新知识融入到旧的知识网络中。因此，该教学模式的知识目标为通过思维导图的运用，形成包括旧知识在内的新的完整的知识网络，例如，完整的词汇网络、语法网络。该教学模式的技能目标包括能够通过运用思维导图来学习新知识，拓展思维能力，能够通过阅读的学习对写作形成正向迁移。

过程与方法目标：新课程标准强调的教学过程中，学生要通过实践在学习的过程中掌握学习方法。思维导图框架下的教学模式过程与方法目标，应该让学生掌握如何运用思维导图来凸显自己的思维，拓展自己的思维，将思维导图作为一个思维工具来熟练运用，并且掌握这种学习方法。

情感与态度目标：情感与态度目标即是学生通过学习形成一定的对社会对人生的积极态度，树立正确的世界观、人生观、价值观，培养良好的学习态度，积极面对人生。因为思维导图的特点，可以激发学生学习背景知识的兴趣。在阅读过程中，对不同语言国家的文化背景知识的学习起到人文熏陶的作用，学生了解不同国家的文化。在运用思维导图的过程中，还可以通过这种方式，培养学生的学习兴趣，通过小组活动培养学生的合作精神。

2. 教学过程

因为是读写结合教学，读写结合的交叉点是读写之间的共享知识，这些知识包括读写本身特点决定的共享知识，例如，阅读与写作一个是语篇的输入，一个是语篇的产出，是一个反向过程。还有些共享知识是通过思维导图在解读语篇与构建语篇中形成的新知识，包括形式图式和内容图式，例如，阅读中学会的与某一主题相关的单词可以被运用到写作中，阅读中学会的关于这一文体的一般写作框架可以运用到写作中去。该教学模式的教学过程概括为"两个阶段六个步骤"，即分为阅读阶段和写作阶段，六个步骤按照阅读前、阅读中、阅读后、写作前、写作中、写作后展开。具体步骤如下。

阅读前是阅读的准备阶段，根据图式理论，原有知识对于新的阅读知识的输入有着至关重要的作用。阅读前应该尽量让学生将已有的关于这一话题的背景知识调动出来。思维导图能够将这些知识按照一定的层级关系进行整理由于思维导图具有记录性质，能够将想到的知识内容记录下来，避免了思维过程中内容的遗忘。思维导图框架下的阅读前活动，阅读前的思维导图绘制主要是注重内容图式的体现，即对原有知识的调动，主要应用在词汇的扩充和背景知识的激活上。阅读前的活动的意义还在于教师引领的阅读前活动最后可内化为学生自己的阅读策略，有利于学生形成好的阅读习惯。利用思维导图的阅读前的词汇准备可分为主题联想、词性联想、一词多义联想等。因此，思维导图的应用不只在于激发学生大脑中的原有图式，也在于丰富学生的原有图式。

阅读中是阅读的核心部分，这一部分要注重内容图式和形式图式。内容图式是指存在于学生大脑中的背景知识，与这篇阅读内容有关的能够帮助学生理解文章和掌握与这个阅读主题相关的一切知识。它包括依赖篇章情境的图式和读者已有的背景知识的图式。学生在阅读时经常遇到没有不认识的单词，句子也都可以看懂，就是觉得理解不了，在做题的时候会出现困扰，没有理解文章的意思。原因在于学生头脑中缺乏与这个主题相关的内容图示来帮助自己理解文章。此外，还要帮助学生构建相应文体的形式图式，比如，各种文体的特征、人称等。

阅读中的内容图式体现在以下方面。文章内容，以及词汇的拓展。运用思维导图拓展词汇不仅可以用于阅读前的词汇背景知识调动，也可以用于阅读中的词汇拓展，可以按照词性、词缀等方式展开；还可以利用思维导图来拓展高级词汇及帮助高级词汇的记忆。运用思维导图对文章内容进行整理，基于读者对作者建构文章的理解，只有二者在思维和文化背景知识等方面一致才能达到理解文章的目的。比如，在中学生做阅读题的时候，明明单词短语都认识，但是做阅读单选题的时候却会选错，是因为思维路径没有跟作者保持一致，没有真正意义上理解作者的写作含义。同时，思维路径的吻合也是有效的读写结合的前提，在有些针对读写结合课所涉及的课堂任务中，有类似于用自己的话重新复述课文、续写文章等，这些任务的前提都是读者和作者的一种思维与理解的一致。阅读后，是阅读完成后的巩固和练习阶段，利用思维导图涉及的阅读后活动，以巩固已经建立的图式为主，包括阅读后的复述续写等指向写作的活动。同阅读一样，重过程的写作将写作划分为几个阶段，即写作前、写作中、写作后。写作前是写作的准备阶段。指向写作的阅读是有目的的阅读，读者对原阅读材料结构内容掌握得越清楚，写作时与原阅读材料相似性越高。所以指向写作的阅读与写作之间的共享知识即是读写结合的一大重要纽带。写作前的词汇知识调动跟阅读前的词汇知识调动有着同样重要的地位，在访谈中，大多数学生都认为写作时词汇是一大难题：一是词汇量少，二是即使想到词汇也不会使用。因此写作前是素材积累的过程。在访谈中还有很多学生觉得写作文时没有思路，不知道从何入手，因此写作前利用思维导图开拓思路也是很重要的写作前提。有了写作必要的素材和思路，文章的框架结构和语篇衔接也显得尤为重要。

写作中，是写作的重中之重，是文章成形的步骤，是将词汇、句子、写作思路落实为文章的过程。作者从读者的身份转为作者，这时阅读时利用思维导图绘制的文章结构可以用在写作中，指导写作。阅读中对于各种文体的形式图式的激活和学习，这时可以用在写作中，也可以通过凸显思维来确定词汇和句型的使用，能够极大地提高学生写作各类文体的准确性。

写作后，应注意对文章的修改润色，以及写作评价。

3. 教学活动

该教学模式的教学活动包括：头脑风暴、小组活动。头脑风暴主要用于思维导图绘制前，思维导图可以充分调动大脑中已有的知识，头脑风暴就是为这一过程做准备的活动。思维导图绘制具有个性化，小组活动可以通过讨论，借鉴别人的思路，拓展自己的思路。此外，该教学模式的读写结合活动设计为阅读创写和阅读仿写。这两种写作都是紧紧围绕阅读内容展开的，都通过阅读与写作之间的共享知识构建语篇。

4. 教学评价

基于思维导图的读写结合教学模式的教学评价包括教师对学生的评价、学生之间的互评以及学生自我评价等。评价内容应该包括对学生学习态度、学习方法、学习效果等方面的评价。此外，对于思维导图应用结果的成品图按照思维导图评价量表来评价。量表评价法是根据设计的等级评价量表来对被评价者进行评价的方法。

三、思维导图促进中学英语写作教学的实践策略

（一）开展主题词汇延伸

为了更好地让学生在英语的写作中运用到更多的词语，来提升作文的语言组织效果，教师在教学中可以通过思维导图的形式来构建词汇延伸，在主题词汇上来延伸词汇，构建思维导图，让学生的写作词汇量得到丰富。

（二）开展写作指导

在英语写作过程中，很多学生不知道如何下笔，与其写作经验的不足有着密切的联系。因此，教师可以通过思维导图的形式，结合学生的写作需求，对其进行针对性的写作指导，进一步给出写作的方向，提升学生在写作内容的关联性及逻辑性上进行。在写作指导中，教师要结合写作的要求来进行，分条列出写作需要涉及的方向，进而更好地结合方向组织语言。

教师可以引导学生自己结合实际的情况，来构建属于自己的写作思维框架，让学生能够更好地明确写作方向，进而确定写作的基本内容，更好地组织语言。

（三）构建写作框架

思维导图可以很清晰地展现出各个段落的写作内容，学生在写作中可以根据段落的设置来构建写作的具体框架。让学生掌握清晰的写作思路，更好地搭建写作的框架，进而更好地在脑海中构建写作的基本框架。在写作框架的构思中，可以结合英语作文写作的具体要求，对写作的基本内容进行罗列，进一步帮助学生明确写作的基本要点。

第四节　思维导图在中学教学中的应用

思维导图呈现的是一个立体状的思维结构，其设计是发散型的。它总是从一个中心点出发，以一种无穷无尽的分支链的形式从中心向四周发散，每个与其相关的词或者图像都成为一个子中心；思维导图能够把枯燥的信息变成彩色的、容易记忆的、高度组织的图，它与我们大脑处理事物的自然方式相吻合，能以直观形象的方式对知识信息进行描绘；思维导图还是一种有效的思维工具，将左脑的词汇、逻辑、顺序等与右脑的图像、节奏、色彩和维度等多种因素结合起来，一起参与思维和记忆的过程，将思维方式变成彩色的、多维的和发散性的主张。在作图时，使用线条、颜色、符号、词汇和图像，运用图文并茂的技巧来充分开发人的"全脑"，促进思维的发展。

因此，思维导图既是一种具有直观形象特征的"图形"，又是一种思维工具。换而言之，思维导图使用了图形化的方式，对思维过程进行引导和记录，并实现回放，是将人脑发散性思维进行可视化表达的一种有效工具。

一、思维导图在中学英语教学中的应用价值

思维导图是一种成功的思维工具，它在英语教学中有着很高的应用价值。下面，从教师、学生和师生互动三个角度来描述思维导图在英语教学过程中所起的作用。

（一）教师角度

在课程与教学规划设计（如：编写教材、教师备课等）中，可以广泛应用思维导图。教师根据需要将英语知识点制成思维导图，以简明扼要的形式把要教的主要概念和原理表示出来，其层级组织结构提供了多种教材呈现顺序，能帮助教师从整体上理解相关概念之间的联系。比如，英语语法"动词"的知识点很多，逻辑关系很复杂。教师可借助思维导

图，以"动词"为中心向四周发散，分支按照动词的作用，是否接宾语，持续性和瞬间性等方面进行分类，再沿着各方面的具体用法进行扩散。通过"动词"思维导图，教师能从整体上理解动词各种分类的联系，以及它们的用法，授课时再逐一讲解，相信这样的授课效果会更好。

因此，思维导图能够加强教师对所教内容的整体把握，在头脑中创造出知识框架的全景图。思维导图能够很好地帮助教师进行教学反思，使教师可以根据实际教学情况对教学过程做出具体合理的调整；思维导图还可以用于教学评价，使教师更好地了解学生的学习情况，从而做到在教学过程中关注整体、关怀个体，实现真正意义上的因材施教。

（二）学生角度

在英语课堂上学生能够很方便地利用思维导图辅助记笔记，用简练的文字和图像快速地"画出来"，节约时间。学生用图标或者颜色等标记画出某个语法、单词中的重点和难点，提高大脑注意力，从而达到改善记忆和理解的效果。学生在学习过程中建立思维导图，能较好地辨别和建构概念和命题框架，不需要死记硬背大量的单词、语法、篇章阅读、写作等。这样学生就能成功地把握科学意义，也能成功地对自己的英语学习进行控制。

思维导图还可以让学生有更大的发挥自我的空间，学生能够根据自己的实际情况总结各自的学习内容框架。随着年级的递增，英语的知识点广度和深度也随之增大，学生有必要将以前学过的知识点与新知识点进行重建和梳理，抓住各知识点的内在联系，把孤立分散的知识点串成线，连成网。列出一个简明的知识结构框架，使知识系统化、结构化，而且这系统化、结构化、网络化了的知识在运用阶段具有较高的实用价值，尤其是对知识广泛的联系与充分的比较，培养了学生思维的广阔性。因此，思维导图是帮助学生温习功课的有力工具。

（三）师生互动

思维导图可以创造和谐轻松的学习氛围，能够促进师生间、生生间进行自由的课堂讨论与交流：在小组合作学习中，小组成员对某个英语知识点有着不同的理解，通过共建思维导图时进行协商，培养了批判性思维技能，使各自的认识得到完善和扩展；同时有助于教师了解小组成员对知识点的掌握程度，督促学生认真参加小组作业。比如，讲授英语中的"反义词"时，可以把思维导图展示给学生，让学生按小组分类造句，以便加深理解。通过思维导图中对各种"反义词"的举例，学生的造句会更精确。小组成员之间能互相交流，积极表达各自的想法，列举有关"反义词"的不同句子。小组之间也能相互学习和反思。这种"头脑风暴"式的英语互动教学，有利于激发思维和产生联想，训练学生的快速反应和创新思维能力，思维导图以图示的方式给师生们提供了思想的空间指导，充分扩展学生的思维，促进其对知识的创新。

二、基于思维导图的中学英语教学设计

（一）基于思维导图的中学英语教学设计原则与流程

1. 中学英语教学设计原则

思维导图在中学英语中的应用教学设计原则既要体现教师的指导作用，又要强调以学习者为中心。教学过程中应侧重于学生分析问题、解决问题和创造性思维能力的培养。依据教育学、心理学理论，针对中学生身心发展特点，常需遵循如下原则。

（1）程序性原则

学生接受一种新的英语学习方式并养成习惯需要一个过程，在这个过程中教师应该有足够的耐心，对于学生在绘制英语思维导图过程中出现的疑问要细心解答。在一开始学习绘制思维导图时教师要多示范，并让学生有机会练习、实践，注重帮助其运用思维导图整理英语知识的能力提高。对于学生一开始绘制的简单、不完善的思维导图要发现其独特之处并给予表扬，对绘制思维导图的实用、个性化、简洁、美观等也要随着学习逐步增加要求。总之，教师要让学生有种成就感，有种成功的喜悦，然后才能利用好思维导图，从而提高英语学习的效率。

（2）启发性原则

教学设计应是学生在教师的启发下积极获取知识，形成技能，发展能力的有效过程，它应富有启发性、兴趣性、幽默性，使学生在听、说、读和写方面都能够得到发展。教师利用思维导图组织教学，学生通过观看和理解思维导图进行知识整理，有助于所学知识的巩固和记忆且促使学生积极思考，使得学生的思维更加活跃、流畅，能使课堂更好地围绕主题展开。

（3）归纳整理原则

利用思维导图指导中学英语教学的重点在于利用思维导图对英语知识进行整理，包括基本单词、语法、阅读、写作英语思想的整理。学生在平时的学习中有许多英语知识是未经思维加工的、机械记忆的、零散的，这些知识很难被迁移到新的问题情境中。用思维导图整理加工英语知识，将孤立的、零散的知识点整合在一起，帮助学生从纷繁的信息中找

到内在联系，在新旧知识间建立联系，构建科学的知识网络体系，促进英语知识的内化，从而形成结构优良的认知结构。

2. 中学英语设计模型

按照教学设计内容的主线——分析-设计-评价和思维导图理论，本研究将思维导图与英语教学活动整合起来，提出了基于思维导图的中学英语教学设计模型。具体步骤包括教学前期分析、教学内容设计、教学策略设计、教学评价。每个步骤再细分成小的环节，各环节层层相扣、步步衔接，上一个层次的输出，正是下一个设计层次的输入，而整个设计系统最终的输出为优化教学效果的设计方案。

基于思维导图的中学英语教学设计模型充分体现教师的主导作用和学生为主体的教学设计理念，并且能有效地为教学实践服务。思维导图作为一种教学工具，在教学设计原则的指导下辅助中学英语教师的教学，帮助学生建立系统的知识体系，有助于教师的教案的编写，完成教学目标，提高教师的教学积极性；同时，有助于学生学习能力的增强，提高学习兴趣，便于复习与总结，及时反思与完善自己。

(二) 基于思维导图的中学英语教学前端分析

1. 中学英语课特点分析

中学英语学科既是一门记忆与实践紧密结合的语言学科，又是一门集人生哲理与人类成长经验于一体的文学学科。学科内容既要强调紧贴现代生活，富有较强的时代气息，体现学生为主体的思想，还要注重发展学生听、说、读、写基本技能，同时在学习英语的过程中也要注重发展心智、情感态度、学习策略、文化意识，培养综合语言运用能力，提高人文素养。

中学英语最显著的特点就是教材容量更多，教学内容更丰富，教学难度更大。学习内容深度和广度上的变化，向中学生提出了更高的要求。因此，教师要从学生的实际出发，根据学生的现有知识水平，可以按每单元5~6课时安排教学活动，还可以大胆对教材进行必要的取舍，从而做到难度循序渐进，使学生平稳地由小学向中学过渡；否则，很快就有不少学习有困难的学生因跟不上而掉队。

教师在教学过程中要体现学生为主体、教师为主导之"导"与"演"的关系。教师一定要扮演好导演的角色，而不能既是导演又扮演演员的角色。所以，教师如何在课堂上让学生按照自己的设计活动成为关键。

2. 中学生特点分析

对中学生特点分析是指分析学生的已有认知水平及其特点。在教学中，教学目标是否能如期实现，教学效果是否达到预期的效果，都与学生的学习活动分不开，学生作为教学活动的主体都有自己的特征。因此在教学活动开始之前，应对学生特点进行分析。

中学生的特点主要有以下三点。①知觉的目的性提高。中学生能够根据教学的要求自觉地知觉有关事物；其知觉的准确性、概括性、系统性明显增强。②注意的选择性和稳定性显著提高，注意的分配也明显增强，因此学习效率更高。③中学生的思维能力较小学生明显发展，能够独立分析、解决问题。抽象逻辑思维发展显著，占思维的主要方面，同时思维的独立性和批判性明显发展。不仅如此，中学生在观察模仿、问题分辨、品质塑造等方面也有明显优势，因此通过思维导图的实践练习，建立起有一个完整的英语知识体结构，促进学生有意义的学习行为是可行的。

3. 中学英语课教学目标分析

教学目标是指教学活动预期所要达到的最终结果。实际上，教学目标是人们对教学活动结果的一种主观上的愿望，是对完成教学活动后，学习者应达到的行为状态的详细而具体的描述。在英语教学中，教学目标是否合理，直接决定着教学的成效。教学目标是课堂教学的核心和灵魂，是课堂教学的根本出发点及归宿，它具有导向、调控、激励、评价等诸多功能。中学英语课程既是提高学生英语语言运用能力的课程，也是培养学生综合人文素养的重要课程。

在中学英语教学过程中，不仅要求学生掌握英语的综合运用能力，还须注重学生的信息素养和创新意识等方面综合素质的培养。本研究依据布鲁姆提出的著名的教学目标分类方法，确立了教学目标分为认知目标、动作技能目标和情感目标，并对这三大目标进行阐述。

①认知目标：要求学生学习和掌握的英语语言基础知识包括语音、词汇、语法、功能和话题等五个方面的内容。知识是语言能力的有机组成部分，是发展语言技能的重要基础。因此在教学中采用思维导图，将各个单词、句子、语法等知识点串联在一起，建立起有机的联系，变成一种思维图形来进行讲解。在实验课中结合学生生活实际，布置给学生一些贴近实际生活的思维导图绘制作业，让学生在完成绘制图形的过程中掌握基本理论知识。

②动作技能目标：掌握听、说、读、写四个方面的技能以及这四种技能的综合运用能力。学生应通过大量的专项和综合性语言实践活动，形成综合语言运用能力，为真实语言交际打基础。因此，听、说、读、写既是学习的内容，又是学习的手段。思维导图是一种图形工具，对读写方面各知识点联系的建立作用更明显。

③情感目标：学生获得解决实际问题的满足感和成就感。寓教于乐是目前教学比较推

崇的一种教学理念。在中学阶段，教师应在教学中引导学生将兴趣转化为稳定的学习动机，以使他们树立较强的自信心，形成克服困难的意志，乐于与他人合作，养成和谐和健康向上的品格。通过英语课程，使学生增强爱国主义，拓展国际视野。中学英语课不仅要教会学生怎样掌握学生的基本语言知识及听、说、读、写四种技能的综合运用能力，而且还要让学生学会举一反三，解决实际中的问题。在教学中采用思维导图，通过设计与生活和学习贴切的图形案例，不仅可以很好地学习知识，而且还能根据自己的风格和需求有所创新，提高学生解决实际问题的能力，培养创新精神。

三、基于思维导图的中学英语教学内容设计

思维导图作为一种图形工具，对提高英语读、写技能的作用很明显。因此，可将应用思维导图的英语教学内容分为读、写两大教学项目，教学项目包含单词、语法、阅读和写作四项知识概念。四项知识概念可分别细分为不同知识板块，得出应用思维导图的中学英语教学内容设计模型。这些知识板块要根据不同的教学设计阶段和要求做出具体的安排，也要考虑学生的英语思维能力在内容上做出灵活取舍，组合成对应的知识板块系统，下面将对每项知识概念进行具体分析。

（一）基于思维导图的单词设计

单词是英语学习关键环节，是衡量一个人阅读和写作的重要指标。另外，单词可以得到及时的检测，容易让学生在学习后产生成就感。因此，教师可在进行思维导图的教学应用时首先引入单词的教学。英语中的前缀、后缀和词根无疑是英语的词汇单位，学生遇到生词，可以通过前后缀以及词根再结合上下文进行猜测。

1. 前缀

单词中位于词根前面的部分就是前缀。前缀，可以改变单词的词义。常见的前缀可按意思相近或相反分成六类。第一类：表示正负（或增减）的，如：un-、in-、im-、il-、ir-、non-、mis-、mal-、dis-、anti-、de-、under-、re-、over-等。第二类表示尺寸的，如：semi-、equi-、mini-、micro-、macro-、mega-等。第三类表示位置关系，如：inter-、super-、trans-、ex-、extra-、sub-、infra-、peri-等。第四类表示时间和次序，如：ante-、pre-、prime-、post-、retro-等。第五类表示数字，如：semi-、mono-、bi-、tri-、quad-、penta-、hex-、sept(em)-、oct-、dec-、multi-等。其他类别，如：pro-、auto-、co-、con-等。教师可以先经过新旧单词之间的联系进行发散思维的练习，再通过小组合作，最后进行评比，绘制出相应的思维导图。

2. 后缀

后缀和前缀一样，教师可在教学中根据类别的不同向学生介绍后缀。单词的后缀决定单词的词性，例如，典型形容词后缀-ful 表示"充满"，beauty+ful→beautiful 美丽的，care+ful→careful，小心的。形容词后缀-able 表示"能……的，可以……的"，real+able→reali-able 可依赖的，comfort+able→comfortable 舒服的。名词后缀-ship 表示"才能，状态，资格，品质等"，leader+ship→leadership 领导，friend+ship→friendship 友谊，member+ship→membership 会员资格，等等。教师按怎样绘制相同前缀单词的方式指导学生。

3. 词根

英语单词构词法的核心部分，在于词根，词的意义主要是由组成单词的词根体现出来的。单词的词根决定单词意思。例如，pel、puls＝dive、push，表示"驱动，推"，expel 开除，驱逐（ex 出+pel 推→推出→开除），compel 强迫（com 共同+pel 推→一起推→强迫）。pend、pens＝hang，表示"悬挂"，suspend 悬吊；停止（sus 在……下面+pend 悬挂→挂在下面→悬吊，引申为中止），pendulum 钟摆（pend 悬挂+ulum 东西→摆着的东西→钟摆）。教师提醒学生一个单词是由哪几部分构成，每个部分代表的含义组合在一起成了新的含义。学会词根，可以帮助学生更好地记忆单词，提高单词学习的效率。

教师指导学生将相同前后缀的单词（像-un、-in、-ful、-less、-able 等）紧密联系在一起，便于记忆。例如，下幅单词思维导图的中心单词是 fore，分别在 fore 后面加上字母，就组成了 forehead、foreground、foreman、foresee 和 foretell 五个新单词。五个单词的拼写结构相似，便于记忆。形成的这五个单词还是相对分散的，于是可以把这五个单词组成一句话，方便提取。比如，foreman（工头，领班）的 forehead（前额）很高，他很有 foresee（预见，先见）性，他总是 foretell（预言）我们的公司会有很好的发展（前景）。

（二）基于思维导图的语法设计

句型、词性、时态等是英语语法中的几项难点，在实际的应用中，懂得学会分析语法知识，运用语法，为后期阅读和写作打下良好的基础。

在句型教学中，现代英语最基本的五个基本句型如下。

①主语+谓语（不及物动词）（SV 型），如：The rain stopped. They are talking.

②主语+谓语（及物动词）+宾语（SVO 型），如：Children often sing this song. My mother is watching TV.

③主语+连系动词+表语（SVP 型），如：The book is new. Betty looks very beautiful.

④主语+谓语（及物动词）+间接宾语+直接宾语（SVID 型），如：I buy him a new watch. She showed me all her pictures.

⑤主语+谓语（及物动词）+宾语+宾语补足语（SVOC 型），如：We often heard them laugh. John told me to do that again.

学生头脑中必须有这五种英语基本句型的图式知识，才能更好地掌握英语语法知识。经过师生共同讨论，一起复习这五种基本句型，同时把例句用思维导图的形式搭建起来。教师演示课前准备好的电子稿，学生通过观看思维导图，在头脑中建立起基本句型的整体架构，对句型的基本结构和用法有更深层次的理解。

（三）基于思维导图的阅读设计

英语阅读与单词、语法不同，它是将单词、语法以及作者的观点融合在一起的，不是孤立存在的。学生在学习时不仅能提高自身的阅读能力，而且能拓宽知识面，体现素质教学的思想。阅读主要包括单词短语解释、语法运用、段落大意、中心句、语篇内部结构等。使用思维导图，可使学生从文章中捕获信息的能力大大提高，从而提高学生的阅读能力。

（四）基于思维导图的写作设计

写作这一语言输出的过程并不是孤立存在的，它和语言的输入相关联，因此在单词、语法和阅读的学习基础上，再指导学生将思维导图应用在写作中显得更为容易。短文写作对于大多数中学生来说是件困难的事情。要写好作文，首先，词汇量要达到一定要求；其次，作文语句要连贯，不能东拉一句，西扯一句；最后，要求学生写作文时要有篇章架构能力。有些学生尽管有一定的词汇量，但一到写作文时就犯愁，不知如何下笔，心中缺乏作文的总体框架，往往是写了几句话就词穷思竭，写不下去了。这样一来，学生对英语写作产生了畏惧感，这对学生的英语学习很不利。

在写作教学中巧妙地运用思维导图，引导学生学会使用思维导图进行写作前的思路整理，让学生意识到一个话题可以有很多方面可写。当然，在思维导图罗列的信息中，还要引导学生学会筛选信息、整理信息和应用合理信息。所以，在进行写作教学的时候，巧妙利用思维导图帮助学生搭建写作框架，并在此基础上添加足够的语料，那么，学生在英语写作时很容易写出质量较高的英语作文。

四、基于思维导图的中学英语教学策略设计

(一) 教学策略方法分析

教师可以按照思维导图的教学辅助功能，设计出中学英语教学活动的三个阶段——课前准备阶段、课上互动阶段和课后反思阶段，并给出具体的教学策略设计实践步骤。然而在实际教学过程中，并不是所有的课堂教学都一定要严格按照以下教学策略设计实践步骤，而是要根据各章节的知识内容考虑实际需要合理选择教学实践环节，自由调节上课时间和教学方法。

(二) 课前准备：思维导图的构建

课前教师布置学习任务，学生利用思维导图预习功课，构建关于新课内容的思维导图框架。当学生在对新知识进行整理时，思维导图清晰地展现了新旧知识间的关系，能够促进学生更加有效的预习。学生在重难点部分做上标记，上课时认真听讲，加深理解，有效地提高课堂学习效率。学生利用思维导图预习功课，可以有更多时间发现问题，培养他们的创造性思维。此教学过程能培养学生的自主学习，体现以学生为中心的思想。

(三) 课上互动：思维导图的交流

1. 课上学生利用思维导图做随堂笔记

课上利用思维导图做笔记，可以快速记下教师所讲的要点内容，不必因记录大量文字而浪费时间，这样学生在记笔记时有更多时间思考，而且用思维导图做笔记更显层次分明、图文并茂。而且通过查找关键词，学生能更好地把握所学知识的核心内容，加强对所学知识的记忆和理解。这种全新的方法与传统的记笔记方式更方便快捷，具有很大的优势，教师在教学过程中应鼓励学生使用思维导图做笔记。

2. 课上分组讨论学习

在目前大部分教学实践中，学生进行分组学习的形式比较常见。这一形式主要用于对所学知识的扩展应用和新知识的探索，以培养学生积极思考与主动学习的精神，提高学生的创新思维能力。充分运用集体的智慧和技能有效地开发利用知识，通过讨论可以对主题内容进一步了解，以便更深入地分析，从而达到知识创新的最终目的。

在这一教学环节中，教师将学生分成若干个小组，围绕一个特定的问题或某一兴趣领

域展开讨论，每组成员不宜过多，以 4 至 6 个为宜，以便使每个学生都能表述自己的观点而不会导致意见错乱。在讨论过程中，教师让学生借用思维导图辅助作图，这样便会使学生更积极、更自由地思考，将思维集中于真正的主题，促使大家提出不同的看法，以便发现新的问题。当学生有了新观点、新想法时，利用思维导图将它们及时记录下来，可以使学生能够在课堂上有所依据地展开交流讨论，而不会导致目标迷失的后果。学生讨论完毕，教师鼓励学生尽情发表各自的观点，其他同学要认真倾听，从而让他们建立学习自信心。不同小组的作品可以很方便地进行交流，每个学生都可以从其他同学那里学到许多新东西。

利用思维导图进行课堂讨论学习是讨论—修改—再讨论—再修改的循环过程，就是先由小组成员利用多种途径自行解决问题，将自己的解决过程及其结果绘制成个人思维导图作品；各小组内部成员再根据各自的观点和遇到的问题进行交流讨论，合作绘制成小组思维导图作品；最终在教师的引导下集体讨论交流，获得问题的正确答案，从而完成思维导图作品；在获得新知识的基础上还可以进行知识的迁移，这一目标的实现难度较高，由教师视教学实际情况而定。

（四）课后反思：思维导图的整理

1. 学生课后复习

复习是学生对学过的内容进行再学习的过程，就是在已获取知识的基础上进行加工处理，建立系统的知识框架，理清思路。复习不能靠死记硬背，更多的是对知识的灵活掌握。思维导图的使用，让学生更容易掌握知识点。学生对记录下来的思维导图进行整理，清晰地展现知识的框架，对自己的思考过程进行认知。学生还可以根据实际需要做出调整，记下自己的一些新想法、新问题、新思路，为日后查阅、思考、复习做好必要的准备。

教师每堂课都要给学生布置一定的作业，让他们课后进一步组织整理在课堂上完成或未完成的思维导图作品，关键是要让学生寻找知识点之间新的联系。教师可以在教室内设立专门的"展示交流园地"，以备学生将自己整理的思维导图在班内展览，供同学之间相互交流分享，这样就可以促使学生积极思考，认真整理思维导图。

2. 教师的教学反思

在教学实践过程中，教师在每节课结束后都需要对自己的教学过程和教学结果做必要的梳理、反思，思考教学中存在的问题，并对所获得的教学成果进行分析和总结。当教学反思积累到一定量的时候，再进行阶段性小结，然后根据总结出的问题有意识地进一步改进教学实践，并且不断完善自己的教学设计方案，这样就会对改进教学有新的突破和进展。思维导图是一种有效的思维工具和问题解决工具，学生所制作的思维导图能够呈现其自身的思维过程和解决问题的过程，所以教师反思重点参照学生制作的思维导图，通常能够从中找到问题的症结所在，有时还会发现一些值得深入研究的问题。只有在课后认真地总结反思，才能使教学实践更具科学性，收到事半功倍的效果。

第六章 核心素养视域下的语篇分析教学模式

由于传统的教学模式侧重于对语言知识和语言技能的培养，致使英语学科核心素养的培养无法落实。因此，中学英语课堂应采用新型教学模式，即以主题为导向、以语篇为依托、以活动为途径的英语教学模式，从而促进学生语言、文化、思维和学习能力的全面发展，引导学生进行聚焦于综合应用、思维发展、文化交流、问题解决等的英语语言学习。

第一节 语篇与语篇分析

一、语篇

（一）语篇的内涵

什么是"语篇"？不同学者对这个问题有不同的答案。有的学者认为语篇意指"文本"（text），也有学者认为语篇意指"话语"（discourse）。那么，两者的差别在哪里呢？

第一，"成品"和"过程"的差别。这也是目前对于两者差别解释中最科学和最容易被接受的一种。应用语言学界的学者认为，"话语"是一个在语境中进行持续不断的意义选择和意义协商的行为或过程，而"文本"就是这个过程的成品。也就是说，"文本"与语言自身的意义相关，"话语"与意义的产生和理解的全过程相关。

第二，"局部"与"整体"的差别。从会话的视角出发，"文本"和"话语"的差别在于前者指一个人一次所讲的一段话，可长可短；后者则指双方一次对话中的所有语段总合，即一个"话语"中可以有多个"文本"，各"文本"之间相互关联。

综上所述，"文本"和"话语"的差别主要体现在两个方面，如表6-1所示。

值得注意的是，若想严格准确地区分口语语篇与书面语篇，并不能完全参考语篇的产生方式，而应包括更多情况。如果仅考虑语篇的产生方式，那么就可将语篇产生时是由口头讲出还是书面写出，或是由视觉获取还是听觉获取作为判断标准。

对于口语语篇与书面语篇的划分，人们通常还会考虑语篇的内容和风格。例如，在宣读一份文件时，根据宣读的产生方式看是口语语篇，而根据内容看则可能是书面语篇。

3. 机构语篇与非机构语篇

机构语篇是在机构环境中使用的、反映机构典型特征的语篇。

非机构语篇不具备机构语篇的典型特征，非机构语篇比机构语篇约束更少，适用性更强，用途更广，特定机构的交际者对其期待较低。但是，这并不意味着非机构语篇就不必遵守规范。为了进行正常的交流，非机构语篇须针对交际对象进行适当调整，遵守必要的基本规范。例如，人们在写一封信的时候，必须始终坚持信件的基本要求，这样信件的读者才能认出这是一封信。读者也会按照信件写作的基本惯例期待信件的格式、内容、表述和关系等。

非机构语篇包括广泛而非特定的社会特征。此种语篇的内容范式不能用特定的制度范式来概括，所涉及的社会关系取决于特定的语篇，需要个性化的分析和定位。非机构语篇也为机构语篇提供了基本条件，如外交文件具有收信人、写信人、地址等基本信件格式，但同时具有适应外交机构特点的格式，违反某些特定规范（例如，收信人和写信人的身份限制、编号和印章要求）会影响文件的功能。比如，写信人与收信人属于同一国家或主权机构时，该外交文件就会完全丧失其功能。这显然受制于外交机构的相关规范和书写惯例。

4. 普通语篇

根据通用性程度，语篇又可分为普通语篇和专业语篇两类。普通语篇通用性强，具有语篇的普遍性特征。专业语篇具有典型的行业特征，一个行业的专业语篇与其他行业的专业语篇具有明显不同的特征。普通语篇是人们日常生活使用的主流语篇。人们在日常交流中不受专业的限制；相反，为了顺利地交流，专业语篇的特点会受到一定限制。比如，在菜市场的交易中，交易对象是不确定的，所以交易双方都使用日常语言（即普通语篇）进行交流，尽量减少使用专业领域的相关概念和术语，从而使任何专业领域的人都有可能顺利完成交易。

普通语篇并非完全不受限制，其与整个社会或组织的一般规范、风俗、期望和社会结构有关。语篇应与这些要素相匹配，否则，语篇产出者便无法达到交际目的。但在机构所施加制约的范围内，语篇使用者又有充分的主动性，可以随时主动进行调整来满足其交际的需要。

5. 专业语篇

每个专业领域都有区别于其他专业的机制和规范，专业语篇受这些机制和规范的影响并表现出特征。专业语篇种类繁多，包括医学语篇、政治语篇、教育语篇、法律语篇等等，这些语篇类别以其专业领域名称命名，其名称背后体现出本专业领域不同于其他领域的特点，同时又体现出与其他类专业语篇共享的一些基本特征。而且，值得注意的是，某些专业语篇类的子类可能与另一些专业语篇的子类共享更多的特征，例如，商务信函与外交信函共享一些专业语篇信函的特征，其既不同于所属专业领域的其他类语篇，也不同于普通语篇类下的信函。

(三) 语篇的结构

语篇是一个包含各种要素的有机整体。人们从不同角度看待这一完备的整体的形成，如篇章结构、语言结构、信息结构、修辞结构等。

1. 篇章结构

篇章结构是说话人或作者用来有效组织内容和谋篇布局的整体结构，这种结构与特定的功能密切相关。作为文章学主要研究对象的篇章结构，在语法学、文体学、体裁分析等其他领域也具有重要的地位。

不同类型的篇章有着不同的结构，例如，说明文一般由引言、正文和结论三部分构成；而记叙文则一般由背景、发展、结果、评论和寓意五部分构成。

相似类型篇章的结构也会有所不同。例如，在整体架构层面，记叙文有三种结构：①根据时间顺序和时间情节发展的顺序排列材料所形成的纵式结构；②根据地点、人物或材料性质的不同来排列材料所形成的横式结构；③根据客观事物的感受、印象、观点、态度，按照思想感情的发展情绪把生活中的不同时期进行整合，形成一个表达思想情感的总体视角，从而构成综括式结构。

2. 语言结构

语言结构是指从语言角度看待语篇的组织，侧重于语篇结构在语言中的表现，如词汇的复现、句子内部的结构、句子外部的衔接、段落之间的过渡等等。语篇的语言结构研究主要以语法学研究为基础，而语法学研究对语篇的宏观结构触及较少，但对语篇的微观结构，即语篇的具体构建的分析较为深入。

所以，对语篇中的语言结构主要在微观视角下进行探讨，具体可分为三个层面，如表

6-2 所示。

表 6-2　语篇的语言结构

语言结构	
语音层面	音段、超音段、韵律
词汇层面	词性、词汇构成、词汇意义、词汇功能、词汇场等
句法层面	时态、语义格、语气情态、命题态度、选择限制、复现、衔接、过渡等

3. 修辞结构

修辞手段种类多样，常见的有比喻、拟人、夸张、对偶、排比、借代等。而修辞结构则是指语篇中运用修辞手段的整体结构。

微观上，每个语篇都有自己的修辞结构，通过分析一个语篇中修辞手段出现的位置、频率、功能及效果，可以了解该语篇的修辞结构特点。比如，通过对一个语篇中排比手段的运用进行分析，可以了解该语篇不同部分之间的关系以及它们与语篇其他部分的关联。

宏观上，不同类型的语篇也都有各自的修辞结构特点，例如，议论文中常用引用、排比，记叙文中常用比喻、夸张。在语篇的修辞结构角度研究中，修辞结构理论是该领域的代表理论。该理论利用句子之间的结构关系，如对照、详述、结果等，来描述语篇的修辞结构，并且在该理论的指导之下，修辞结构成为一个层级系统，能够解释语篇的连贯性等特点。

4. 信息结构

语篇信息结构是指语篇所处理的信息之间的相互联系。在功能语言学研究中，信息分为已知信息和新信息两类。功能语言学的信息两分法对信息进行了深入而具体的分析，同时，对语篇的宏观信息结构也有涉及［如主位推进（Thematic Progression）］，但并不系统。这种观点认为，语篇信息总体是一个树状的层级系统，信息的载体是命题，任何一个命题皆是一个信息单位，信息单位之间有特定的关系可以将它们组织起来，使它们能够有序地存在于语篇的信息树中。从信息结构入手进行语篇研究是一种比较新颖的研究方法，有较大的探索空间和较强的挖掘意义。

二、语篇分析

（一）语篇分析的理论源流

1. 语篇分析与语言学

若语言学研究是一棵大树，语篇分析便是树上最为粗壮的枝干中的一枝。首先，语篇分析为语言研究的不同方向提供了无限可能，如语义学、句法学、文体学、修辞学等。其次，语篇分析与传统语言学领域的音位学、语义学、句法学、语用学、历史语言学相结合，能为分析语言要素、揭示语言变迁的过程提供新方法和新视角。采用语篇分析视角研究语言学问题，不仅可以探索语篇的实质，其研究过程及结果也将有助于语言学研究的发展。

随着大型语料库的建设以及语篇分析软件的更新，语料库语言学的发展取得了巨大的进步，并在语篇分析中发挥着越来越重要的作用。语料库语言学主要从以下方面分析语篇：①分析特定语言特征的使用特点；②探究某一语言功能的实现方式；③分析语言变体的特性；④研究完整的语篇中某一特征的出现情况。

2. 语篇分析与认知心理学

语篇和认知之间关系密切。一方面，语篇是研究认知的重要途径；另一方面，认知是语篇分析的重要组成内容。这就意味着，教师可以通过语篇来探索认知，也可以通过认知来解释语篇。

在过去的研究中，学者将语篇内外部的连贯关系视为一种认知现象，并强调对影响语篇生成和理解的语言因素（如语篇标记、衔接关系、指称等）的研究，以此来了解语篇过程的实质。另外，学者们不仅对记忆、阅读、表达、推理等语篇过程进行实验或定量研究，还关注人们在使用比喻、讽刺等修辞手段时的认知过程、信念和情感等因素，探索其在语篇生成和理解过程中的作用。

认知科学领域的许多理论都在语篇分析中发挥着至关重要的作用，例如，①可及性理论：可及性通常指人在生成和理解语篇时，从大脑记忆系统中提取一个语言或记忆单位的便捷程度。基于可及性理论的语篇研究主要研究指称形式与认知状态之间的关系问题。②语篇世界理论：语篇世界是一种心理结构体，是由语篇本身初步界定并由语篇中的指示成分和指代成分具体界定的指示空间。语篇世界理论不但对语篇的理解和生成具有一定的解释力，而且在语篇的文体研究中也发挥着重要的作用。

3. 语言学与社会学

语篇与社会息息相关。语篇是社会文化语境中的社会行为或互动，作为一种行为，语篇包含着特定的意图和特定的结果。语篇是社会成员之间的互动，社会成员利用语篇来进行社会实践并实现社会任务。近年来，批评语篇分析、政治语篇分析以及机构语篇分析等领域的发展都体现着语篇分析与社会问题结合的可能度较高，以及对社会问题的热切关注。

（二）语篇分析的流派

多种理论、方法和观点，研究视角丰富，形成了不同流派。而多种多样的语篇分析理论和方法可以根据社会学、社会语言学、哲学、语言学和心理学这五大学科来源进行分门别类。整个体系的图谱包括：社会学（会话分析）、社会语言学（人种学、交互社会语言学、变异理论）、哲学（言语行为理论、语用学）、语言学［结构功能学派（伯明翰学派、系统功能语言学、体裁分析）、社会符号学（批评话语分析）］、心理学（认知分析）。

据此语篇分析流派图谱结构，结合其与教学实践应用的关联程度，在此详细解释如下语篇分析类型。

1. 语用分析

语用分析是语篇分析的一个分支，它代表着语篇分析和语用学两个领域的结合。尽管语篇分析和语用学都考察使用中的语言，但两者在研究对象、范围和方法上存在区别。其区别在于，语篇分析一般侧重研究语篇的结构、信息的分布、连接手段和连贯区别以及话轮结构等；语用学则关注特定情景中特定的话语和结构式，致力于挖掘这些语言的使用规律，旨在归纳出带有普遍意义的原则、准则和理论。

那么，为什么要在语篇分析中融入语用学知识，形成更细化的语用分析呢？原因在于，语篇分析和语用学之间除了区别之外，也存在着有益于语篇分析的紧密联系。比如，语篇分析和语用学都研究特定语境中的意义和功能，而前者将语篇视为语义单位，分析语篇的社会功能等；后者则依据语篇的语言形式来研究语篇的交际功能和语用价值。此外，合作原则、言语行为理论、关联理论和礼貌原则等语用学理论，可以为分析语篇的结构、意义、功能、连贯性等提供新的视角和理论框架。对语篇进行语用分析有助于更好地揭示语篇的结构与功能的关系、交际意图与交际效果的关系、话语的语用含义和语篇的连贯性的关系等。总之，在语篇分析中利用语用学方法，有助于有效揭示语篇的目的、意义和作用。

那么，要怎样从语用学角度分析语篇呢？这就要从研究方法、语料和语境三个方面入手来进行解释，具体如下。

首先，在研究方法上，语用分析一般采用定性研究方法。这种分析方法以开放的思路分析数据，也就是说，该方法并不事先限定具体的分析范畴，只确定分析的重点。而在分析数据时，需要注意两个方面：一是从数据中对话语使用模式进行分类，即发现规律性和使用策略模式；二是充分完整地解释数据。采用定性研究的方法得出的结论虽然仍值得商榷，但它们基本能够解释语言使用的各种因素。若要进一步验证结论的可靠性，需要用定量方法进行实验，也就是控制变量，并利用统计学方法分析数据，从而检验定量数据的可靠性。但无论是定性研究还是定量研究，语料的收集都是至关重要的一环，它决定着研究结论和发现的可靠性。

其次，在语料方面，语用学定性研究的语料有多种收集方式。例如，可以使用现场录音、录像设备来收集自然发生的语料，可以通过诸如广播、电视、互联网之类的大众传媒来收集语料，也可以通过设计特定的语言活动来引发受访者选择特定语言形式，完成特定的言语行为或事件。但是，无论如何收集语料，对语料的观察都应充分，收集都应完整，由此体现出语言使用的多样性，使得研究结论和发现更有说服力和普遍性。

最后，在语境方面，可以将其分为语言语境、情境语境和认知语境。

另外，语用学普遍认为语境会影响语篇意义的生成和表达。从说话人角度看，语境的作用表现在以下三个方面：①根据交际目的，确定说话的大体内容；②根据交际场合，确定说话的方式；③根据交际条件，确定交际渠道。而从受话人角度看，语境的功能包括以下三个方面：①确定指称对象；②消除歧义；③充实语义。

总而言之，语用学视角下的语篇分析一般采用定性分析方法，收集自然真实发生的语料，以语境因素作为分析重点，对语料的意义、功能和连贯性进行分析和解释，从而得出规律性的发现或结论。

2. 功能语篇分析

功能主义关注语言的意义而非外部结构形式，强调语言在社会交际中的功能。功能语篇分析往往是综合性的，对其分析时大概需要分三步走：对语篇本身的描述、对语篇信息层面的解读和对整个语篇层面的解释。描述分析主要针对诸如"语篇说的是什么"的问题，分析时要紧紧围绕语篇进行真实描述；解读是对语篇信息层面的处理，在此层面就语言所传达的内容进行分析，主要针对的是"语篇怎么说"之类的问题，必须根据原文的功能和语言表述对语篇的内容进行解析，涉及内容的安排、发展和具体实现；解释则是根据前两步分析的内容，主要针对"语篇为何这样写"之类的问题，从更广阔的视角（如语境的视角）揭示语篇发展与语篇生成的深层次原因。这一步分析既要根植于原文，又要能"跳出原文"。综上所述，功能语篇分析常涉及分层级和解读语篇，并揭示其如何在社会交际中实现某些功能。

总的来说，在系统功能语法的理论框架下，功能语篇分析的层级按照语言在语篇中的使用意义和功能进行分类，包括三个层级：语言成分层级、语篇层级、情境语境和文化语境层级。具体解释如下。

首先，语言成分层级指语言的音、形、义等基本单位，该层次的分析包罗的内容丰富，如在分析汉语语篇时，可考虑字词的音、形、义，动词的概念功能，重音等的人际功能，动词、形容词、副词和虚词等的评价功能等。以概念功能的分析为例，须对语篇中的形容词进行所指分析，描述时可以分析关系过程、心理过程、存在过程、行为过程等。其他关于语言层级的评价功能和人机功能的分析与此相仿，描述之后，进而对语言功能特征进行解读、解释和评价。

其次，语篇层级包括连贯、衔接、主位推进、信息结构等。其中，衔接手段包括照应、省略、替代、连接、词汇衔接等；连贯是指语篇的词汇、小句以及段落等不同层面通过信息流动、主位推进、语篇格律或衔接的方式被整合为一个语义连贯、逻辑清晰的无形网络。此处需要注意的是，衔接和连贯是功能语篇分析的重中之重。

最后，情境语境和文化语境层级。其中，情境语境分析的主要对象是语篇的语场、语旨和语式等；而文化语境分析相当于体裁意义分析，其对象是语篇的社会文化目的，手段包括预设、蕴含以及推导等，涉及语篇参与者、分析者、社会背景、文化背景及其与语篇语境的各种纷繁交错的关系。

3. 语篇信息分析

信息最初是信息论中的术语。信息论是运用数理统计方法来研究测量、传递和变换信息的规律，具体分为一般信息论、狭义信息论和广义信息论。其中，一般信息论的研究对象是通信问题、信号预测问题、噪声理论等；狭义信息论的研究对象是通信和控制系统中普遍存在的信息传递的规律，以及信息传输系统效率和可靠性提高的问题；而广义信息论的研究对象不仅包括以上问题，也包括传播学、心理学、语言学等所有与信息相关的领域中出现的信息问题。

其中，语言信息研究主要指句子信息结构的分析研究。语言信息由新信息和已知信息两部分构成，这两类信息相互作用产生语言的意义。但是，这种语言信息二分法着眼于语篇的句子层面，无法从宏观角度研究语篇的结构，难以理清语篇的层次关系，也未将社会背景认知等因素考虑进信息分析的过程中。

与语言信息相比，语篇信息既包括语篇的宏观结构，也包括语篇的微观内容；既具有信息的一般特征（如可识别、可测量、可分层、可传递等），也有其独特之处，例如包括宏观和微观、社会和认知等不同层面。

语篇信息研究中的典型研究模式是语篇树状信息结构（Tree Structure of Discourse Information，下简称 TSDI）模式，该模式能够用于分析不同类型语篇信息。比如，对于记叙文，需要考虑其中的时间、地点、人物和时间等要素；对于说明文，需要考虑空间的位置、时间的顺序、事物的变化等；对于议论文，则应当侧重于因果关系、事实和推理、论据和结论的阐释等。TSDI 正是基于从这些现象归纳出的语篇信息一般规律，并结合相关语言学理论和研究而提出的。

该模式不同于功能语言学中的新旧信息论和非语言学领域的信息论，它认为信息是具有相对独立完整的结构，能够构建最小完整意义单位的命题。基于这个定义，语篇信息可以被识别、划分和分析，甚至信息的数量也可以统计。该模式根据对语篇信息的新理解，赋予了语篇信息不同的值，如信息点、信息点的值、信息层次、信息的共享分类、信息成分等，从而有助于对语篇宏观结构的揭示和微观结构的探索。

外语教学的目标在于使学生能够使用目标语言来交流和获取思想，这与 TSDI 模式具有相同性。该模式可以从微观到宏观、从语用和认知等不同方面对语篇进行深入分析解读，为基于语篇的语言教学提供具有可操作性的工具。

比如，在英语阅读教学中，利用语篇信息结构模式中的信息点，学生能够快速地理解语篇中的衔接和连贯。衔接是语篇结构中连句成段、连段成篇的词汇手段（如复现、同现）和语法手段（如照应、替代、省略），而这些手段往往可以从信息点的角度加以分析，从而更好地理解句子之间、段落之间意义上的衔接，并最终服务于对语篇主题和中心思想的理解掌握。同时，这也为分析学习句子、段落在语篇叙述中所起的作用以及起作用的方式提供可能，从而帮助学生提高阅读理解能力。

此外，无论是信息单位关系推理，还是信息层次分析，都能够调动学生积极自主的思维活动，使他们跳脱出传统固有的语法分析，培养学生把握语篇整体意义，这将有助于提升学生的分析、归纳、综合和推理能力。

总之，作为语篇分析的一个新视角，语篇信息分析将语篇分析置于一个社会框架，充分关注语言的宏观和微观结构，在为研究语篇提供新视角的同时，也为探索语篇的一般规律提供途径。

4. 多模态话语分析

媒体是指信息传播的载体，即由传播者向接收者传递信息的各种形式的物质工具，如纸张、黑板、扩音器、录音机等。模式指话语模式，即口头、书面、网络、手势等信息的交流渠道。不同的媒体可以产生不同的交流模式，模式的使用和切换对信息的流动和语篇属性有一定的影响。在特定语境下，信息传递者可能同时借助两种或两种以上话语模式，比如，老师在黑板上写字的同时进行口头的讲解，并配以动作示范。

而模态是指信息接收者所感知的话语模式，它不仅是媒体表达信息的结果，也是人类感官感知的交际结果。模态的划分主要有两个标准：感知通道和符号系统。其中，根据人类的感知通道，模态主要包括视觉、听觉、味觉、嗅觉、触觉五种形式；而根据话语所包含的符号系统，模态主要包括语言（文本）、言语（声音）、副语言、图像、音乐等形式。

放在模态视角下，话语可细分为单模态话语和多模态话语。其中，"单模态话语"指话语包含一种模态，比如广播仅包含听觉模态，一份文字通知仅包含视觉模态。而"多模态话语"则指话语同时包含两种或两种以上模态，也就是说，多模态话语同时含有听觉、视觉、触觉等多种感觉，又同时容纳语言、图像、声音、动作等多种手段和符号资源，以此来进行信息交际。比如，报纸上的新闻报道便属于多模态话语，虽然只涉及视觉模态，但由于它同时包含新闻图片和文字，通常被认为是多模态话语。

多模态话语分析的理论基础包括社会符号学、社会语言学、系统语言学、认知科学等学科，具有明显的跨学科特点，且其应用性强，能够广泛应用于语言教学、广告、建筑、影视戏剧、网站页面设计、舞台表演等众多领域。目前，随着多模态话语分析理论的飞速发展，语篇分析的研究领域、研究内容和研究方法都得到了极大的扩展，受到了国内外广大语篇学者的关注，也引起了其他诸多学科领域研究者的兴趣。

第二节　语篇教学是落实英语学科核心素养的关键载体

语篇，作为英语学习的基本学习资源，是培养学生英语学科核心素质的关键。教师只有在对教学语篇进行深入研读之后，才能准确地把握语篇主题意义，进而提炼出语篇文本的育人价值，并在此基础上设计指向英语学科核心素养的教学活动，以实现英语课程的育人目标。由此可见，教师在教学中对语篇的理解、分析和运用是有效实施教学的关键环节。

一、研读语篇提炼核心素养

深入研读语篇，把握主题意义，提炼蕴含核心素养的语篇文化内涵，是教师落实英语学科核心素养目标、创设合理学习活动的重要前提。

（一）关注语篇主题意义

教师可以关注语篇"写了什么"或"说了什么"，以此把握语篇的基本意义（包括主题和基本内容），梳理语篇的知识结构。

（二）聚焦语篇核心价值

教师可以聚焦作者或说话人"为什么写"或"为什么说"，即作者或说话人希望传递什么观点，引发何种思考或价值观讨论。简而言之，作者的写作目的是什么？

（三）反观语篇组织结构

教师可以通过反观语篇是"如何写的"或"如何组织的"，即聚焦于语篇的体裁结构、文本内容以及态度观点之间的联系，来厘清文章传达主旨的逻辑关系。

在语篇教学的指导下，教师可以确定自己在语言知识、语言技能、文化意识、思维素质和学习能力等方面的教学价值，从而为以培养核心素养为目的的教学目标和学习活动设计提供依据。

二、围绕语篇的学情分析制定培养目标

围绕语篇的学情分析是准确制定核心素养培养目标的前提。虽然教师普遍都有学情分析的意识，但是现阶段的学情分析往往存在着表面化、主观臆断的问题。针对这样的问题，其实教师可以借助多样的学情分析方式，如学案、问卷、访谈、课堂观察、作品分析等，在课前、课中、课后进行全面、系统的学情分析。学情分析贯穿在整个教学过程之中，而课前学情分析是确定教学目标的主要依据之一。全面的课前学情分析有助于教师准确把握学生的学习需求，为指向学科核心素养教学目标的制定提供相关的信息和依据。具体而言，课前的学情分析可以围绕学生前在状态、潜在状态和发展可能进行解读，其目的是"以学定教"。

（一）分析前在状态把握知识储备

教师可以关注学生的前在学习状态，即"学生对本课的语篇主题已有的知识与经验"。具体来说，教师可以从语篇体裁特点、语篇的主题内容出发，了解学生原有的语言知识储备，以及相关的主题背景储备，围绕核心素养的基本要素展开学情分析。

（二）分析潜在状态提供学习框架

教师可以聚焦于学生的潜在状态，即预测学生在学习语篇所蕴含的新知识、新技能的过程中，可能出现的学习障碍以及不同类型的学生思考问题时出现的差异等，采取对应的策略为学生的学习提供支架，缩小学生间的差距。

（三）分析发展状态制定核心素养目标

教师可以根据学生的前在状态，预估学生可能达到的发展水平，制定语篇教学下的核

心素养培养目标。比如说结合学生的前在状态，即对于旅游主题的背景知识掌握情况、记叙文语篇的篇章知识掌握情况、有关过去将来时的语法知识储备情况、在旅游场景下的文化交际能力，以及有逻辑地进行与游记相关的观点表达能力情况，进一步制定指向核心素养的培养目标。比如，在核心词汇和短语的帮助下，用书面或口头描述一个城市或自己的旅行经历；通过解释地名的文化意义，评价文本中蕴含的文化意识，批判性地看待优秀的中外文化等。教师制定的教学目标既关注基于特定语篇的语言知识学习、语言技能发展，同时将文化意识和思维品质培养作为重要教学目标，体现了多维素养培养理念。

总的来说，课前展开细致、深度的学情分析对于指向核心素养培养的教学目标的准确制定起着关键的作用。因此，教师在进行英语教学设计时，必须联系学生的学习起点，摸清学生与本课或本单元语篇主题直接相关的语言文化基础知识、技能水平，最终制定指向核心素养的教学目标。

三、分层学习活动达成核心素养培养目标

现阶段英语教学活动设计存在缺乏分层设计意识的问题，导致学生对于语篇的理解仅停留于表面，而无法深入理解语篇，因此，分层的英语学习活动设计势在必行。具体来说，梯度化的语篇学习活动主要包含以下三个方面：首先是基于语篇的学习理解活动，即表层的知识输入活动；其次是深入语篇的应用实践活动，即从简单的知识输入转变为知识经验的简单输出；最后是超越语篇的迁移创新活动，即知识经验的高级输出。

学科知识必须经过学习和理解、应用和实践、迁移和创新等关键能力活动，才能转化为学科能力和学科素养。指向核心素养培养的中学英语教学目标须通过有层次、相关联、整合性的学习活动，才能实现知识向能力、能力向学科素养的转化。

（一）基于语篇的学习理解类活动

教师可以创设语篇主题语境，设计基于语篇的学习理解类活动帮助学生感知、梳理、概括语篇的基本信息。这一阶段的基础学习理解类活动主要是向学生输入知识经验，教师可以通过预测和推断、概括主旨大意等活动形式，引领学生获得关于具体语篇的事实性信息，并在这一过程中，引导学生学习语篇主题表达所需要的基础语言知识。另外，教师也可以借助思维导图等信息梳理的方式，帮助学生建立所获信息间的关联，形成新的知识结构，促使学生初步理解语篇文本所表达的主题意义和背后所蕴含的文化价值。

比如，教师将语法内容以语篇的形式呈现给学生，利用故事文本创设目标语法呈现的情境，让学生观察并总结过去将来时的四种语法结构，使得学生通过有趣且包含语法现象

的句子，体会并感受该语法的结构，摆脱了传统单纯的以句子呈现语法知识的孤立感。在内容上从学生熟悉的过去时和将来时自然迁移到过去将来时，从而激活学生的知识图式，在此基础上，让学生观察、分析和归纳出三种过去将来时的形式、意义和用法，引导学生主动构建新知识体系并建立新旧知识的联系。同时，对语篇关键信息的捕捉能有效促进学生对叙述文体裁特征的感知和理解。

总而言之，在中学英语语篇教学实践中，教师首先可以结合具体语篇的主题创设恰当语境引出主题，之后通过多种形式的语篇理解学习活动，帮助学生感知、梳理语篇的语言知识和文化知识，实现对主题的初步理解。

（二）深入语篇的应用实践类活动

教师可以创设深入语篇的应用实践类活动，引导学生描述、分析、运用语篇。具体来说，教师可以通过对比分析、角色扮演等活动形式，引导学生初步输出所获取的语言知识，最终实现对新获取的语言知识和文化知识的内化，以及对语篇内容或文化内涵的深度挖掘和理解。比如，教师在练习的环节同样依托语篇，在上一环节可在理解性输入、语法结构归纳总结的基础上操练目标语法。后续故事的引入增强了学生学习的好奇心，摆脱学生做语法练习的负担感。同时，预测故事情节的最终发展可以促使学生用该语法点进行一定的语言输出，发挥自己的想象力和创造力，通过讨论的方式进行有意义的语法练习，为真实的语言运用做一个铺垫，真正地落实学生核心素养的培养目标。

（三）超越语篇的迁移创新类活动

教师可以创设迁移创新类的活动，帮助学生推理、评判、创造语篇。该阶段属于高层次输出活动，学生通过综合运用新旧语言知识，发表针对语篇文化价值、观点态度、文体特征等方面的评价分析，或者在新语境运用语言创造性地解决问题，实现迁移创新。具体而言，教师可以通过创设与主题相关的新语境，借助讨论、交流、辩论、演讲等高阶输出活动形式，来培养学生的语言综合运用能力和创新思维能力。

比如在语法课中，教师可以根据语篇主题创设一个新的情境，通过设计更贴近生活且更利于该语法练习的话题，让学生展开讨论并进行口语表达。教师可以提供语法框架让学生进行模仿运用，再设计开放性活动，让学生在模仿语法结构的基础上尝试灵活输出。当教师要求学生讨论小时候对未来的想象时，学生自然而然就会用到过去将来时，达到学以致用的目标。同时，通过讨论、采访等方式让每个学生都有机会参与活动，体验新的语法知识，感受合作学习的乐趣。在迁移创新的这一教学活动阶段，新情境下超越语篇的教学活动旨在让学生联系生活实际运用目标语法，真正有效地培养学生的语言运用意识，从而提高语言运用能力，最终落实到核心素养的形成。

新课程明确了英语学科核心素养的培养目标，指出了普通中学英语课程应充分发挥其教育功能，即培养学生的语言能力、文化意识、思维能力和学习能力等素养，进而实现立德树人的基本目标。

英语学科核心素养致力于提高学生的语言运用能力，即恰当地使用英语语言表达个人观点；提高学生的文化意识，即客观地看待不同地方的文化差异，树立对中华文化的自信心；提高学生的辩证思维能力，即辩证地看待事物，融入个人的思考；提高自主学习的能力，即学生自身能够养成良好的学习习惯，自主探索新知识，树立终身学习的观念。

语篇教学是实现英语核心素养的重要载体。具体来说，教师设计教学活动应以语篇为载体，既要考虑活动的关联性又要兼顾活动的实用性，以便学生在丰富实用的英语学习活动中，理解语篇内涵，感受文化差异，获取观点态度。总而言之，教师在英语教学实践中，可以借助语篇分析理论深入研读语篇，围绕语篇展开学情分析，并设计分层的学习活动帮助学生提高对语篇的理解能力，使学生能够充分利用现有的语篇知识，有效获取和传递信息，表达意见和态度，最终实现语言知识的迁移和创新，实现培养学生英语学科核心素养的目标。

第三节　基于语篇分析的英语教学策略与路径

一、基于语篇分析的英语教学

随着语篇分析的不断发展，将语篇分析的策略与方法引入英语教学逐渐成为新的发展方向。广大一线教师和专家学者共同努力，基于语篇分析对英语教学的各种课型不断创新，并取得了一定进展，形成了六大特点。

（一）语篇语境一体化教学

一般来说，注重培养学生的语言交际能力是语篇教学的主要目的，其中心活动是掌握话语在语境中的具体使用，能够得体地进行自我表达以及社会交往。语言项目在语境中的意义，可分为三类：①上下文；②情境语境，指语篇产生时的环境，包括事件的特征、性质和谈话的主题、时间、地点、方式等；③文化语境，指作者的语言社会团体、历史文化和风俗人物。在语篇教学中有许多的学生团体活动，如对话、同伴讨论、小组讨论、辩论等。采用上述团体活动方式，将书面交际和口头交际结合起来，将领会思想和表达思想结合起来，有助于形成以学生活动为主体的课堂教学局面。

（二）主体与手段立体化教学

语篇单位教学要立足由上下文语境、交际背景和文化语境构成的三维空间。首先，课堂教学参与人物的立体化，打破了传统的师生线性平面，体现了学重于教，生重于师，用重于书。课堂活动的参与者也有"三维"：学生、教师、篇章中的人物。师生之间除了完成传统的师生互动以外，还可以通过角色扮演或录像等形式使篇章中的人物也活动起来。此外，在参与的形式上，要使个体、小组和集体三者都有活动。

其次，教学手段立体化。借助多媒体教育技术，使得课堂教学成为超越现实时空背景的立体化的交际活动环境。随着现代教学技术的发展，各类教学媒体相继投入使用，多媒体语言实验室、录音机、投影仪等电教设备保证了英语学习材料的真实性和充足性，为在课堂教学中开展语篇教学提供了保证。因此在每一节课的设计过程中，要充分考虑到这一因素，并用以展示语篇功能，从主旨句到关键词；从语篇标记到段落结构；从中心话题到与此有关的深层次的思考，整个过程以学生活动为中心，依托所创设的情境，在目标活动的基础上培养学生的语篇交际能力。

（三）结合实际的综合性教学

新课导入，引发兴趣。新课的导入是语篇教学的重要环节，通过有效的导入，可以激活和丰富学生的背景知识，提高学生的学习积极性，从而加深对文本的理解。新课的介绍可以根据不同的课文内容采取不同的方法，如使用课文的标题、插图、问答、讨论、讲故事环节来介绍人物、事物及相关的文化背景知识等。

结合篇章导入文化。语篇的文化语境对于理解文章主题和正确评价文章观点具有举足轻重的作用。需要注意的是，由于教学时间和学生学情的限制，在语篇教学中导入文化知识要遵循实用原则和适度原则。实用原则要求导入的文化内容必与所学的教材内容密切相关，文化教学必须紧密结合语言教学实际，教学过程中，教师不应该为文化而教文化，而应从培养学生交际能力这个目标出发进行文化教学。

（四）语篇分析式教学

语篇教学和语言分析教学各有自己的特点。前者着重交际能力的培养，要求学生在提高语篇分析水平的基础上，恰当地运用各种语言技能获取或表达信息；后者则侧重传授语言知识，如讲解语法要点、分析疑难句结构、长句难句翻译、重要词汇解释等，强调死记硬背，直至灵活运用。但在实际的教学过程中，教师可以充分发挥创造性，取长补短，让语篇教学和语言分析教学相辅相成，互为补充。

（五）阅读理解能力针对性教学

随着二语习得等语言学发展成果的不断内化，越来越多的语言学家和语言教育学者提议将语篇分析运用于英语阅读教学，因此对于中国的语言教育工作者来说，语篇分析教学已经不能算是完全陌生的学术领域。可以看到，在新一轮中学课程改革和高考的命题原则对中学生综合语言应用能力提出的新要求的宏观框架下，语篇教学更是得到高度重视，逐渐演化成为英语课文阅读教学的一种崭新而重要的教学方法。

而阅读教学又是英语教学的重要内容，如何培养较强的阅读理解能力是语言教学者和学习者都十分关切的话题。显然，传统的阅读教学方法因为其过分注重词汇教学而忽视篇章结构，学生往往会误以为阅读学习的价值就在于积累词汇和表达方式，而忽视了对语篇内容和结构的整体理解，长此以往的结果就是"一叶障目，不见泰山"，不能形成自成体系的语篇知识建构。在这种情况下，语篇分析的运用就显得十分迫切和必要。

将语篇分析理论应用于中学英语阅读教学，引导学生从宏观和微观层面对语篇的内容和结构进行系统分析，帮助学生了解语篇所传达的中心思想、谋篇布局的方式和交际意图，并通过分析文章内部的词汇衔接、语法衔接和逻辑关系等厘清文章的脉络和思维逻辑，切实提高学生的语篇阅读能力，对他们形成整体和系统的阅读习惯以及思维方式能起到助力作用。将语篇分析理论应用于中学英语阅读教学的方法能从根本上提高学生英语阅读的能力，理解文章内部词汇衔接、语法衔接和逻辑关系，将使中学英语阅读的教学产生革命性的改变，可以给广大教师开辟出一条英语阅读教学的崭新路径。

（六）读写结合教学

语篇教学最后的落脚点在于引导学生运用所掌握的各种阅读技能以及思维策略。首先从宏观层面上分析篇章结构，理清文章的行文脉络，掌握作者的写作意图，体会语篇主题和思想；其次是从微观角度出发，引导学生通过自主学习掌握并理解语篇的段与段之间、句与句之间的前后呼应关系以及全文的写作特点等，让学生明白作者是通过怎样的方式把一些原本互不相干的语句和段落有效地组织起来，又是怎样安排段落层次以及处理段落之间的前后呼应关系，从而形成一篇完整的信息表达的单位体的。由此，语篇教学不仅可以帮助学生弄清文章的写作层次，训练学生的逻辑思维能力，还能让学生从中学会各种文体的写作技巧和篇章结构，最终实现促进学生写作能力提高的目的。

一个完整的写作过程应该包括四个阶段，即建构话语范围知识、建立语篇模式、合作创作语篇和独立创作语篇。而在这四个阶段中，语篇教学理论的模式和手段都发挥了重要作用。语篇在写作中的运用分为两个方面——语篇衔接和篇章结构，将两者结合起来对写作教学的实施和成效大有裨益。

因此，在写作教学时，把握文章语境和语义的整体性是十分必要的。写作是一种综合能力的训练，是对所学语言知识的综合运用，是一个系统的语言知识、技能以及思维品质的产出和建构工程，应该与语篇教学的整体过程相互联系。作为教师，必须长期坚持不懈地对学生进行听、说、读、写全方位的训练，只有这样，才能真正提高学生的写作能力，从而发展他们的英语应用能力。中考和高考英语作文往往是命题作文，篇章类型多半是确定的，或者是记叙文，或者是说明文，近年来出现的多为夹叙夹议等复合文体的类型。无论哪种类型，根据语篇教学的策略都能很快地指导学生有意识地尽快进入写作的客观决策，比传统的自下而上的方法更有利于帮助学生完成文章的整体构思，克服常犯的纠结于词汇和句子的表达和选择，轻视对语篇的宏观驾驭而造成结构混乱、思路不清的问题。

二、基于语篇分析的教学策略

（一）语篇体裁和模式

体裁与语篇的交际意图相互关联；而语篇类型则受到语篇的内容或形式的影响，可分为说明类、描写类、叙述类、论辩类、评价类、说理类、指导类、程序类等语篇。

常见的英语语篇的结构模式通常有三种。第一种为问题—解决模式。在这种语篇中，作者常按照"矛盾—激化（或发展）—解决""问题—分析—对策（或结论）""现象—后果—建议"等模式来谋篇布局。第二种是一般—特殊模式。在这种语篇中，作者常按照"现象—分析—结论""理论—定义—例证"等模式来谋篇布局。第三种是类比—对比模式。在这种语篇中，作者常按照"事物—优缺点—结论""现象—他人观点—作者观点"等模式来谋篇布局。另外，段落的模式可能为主题句、支撑句、过渡句、总结句。在段落的发展过程中，作者可能会采用列举、举例、叙述、时空与空间、因果、对比、分类、定义等写作手段。

1. 问题—解决模式。常出现于逻辑严密、组织完整的科学论文、实验报告、新闻报道以及文学语篇中。

2. 提问—回答模式。与之前提到的问题—解决模式不同，提问—回答模式在语篇开始就开门见山地提出了问题，语篇的发展主要是寻求对这一问题的满意答案。

3. 叙述模式。叙述模式几乎可以在所有的语篇类型中都有所体现。叙事模式包括六个成分：摘要、定位、叠合事件、评价、解决和结尾。摘要是叙事开始时对要讲的内容的简要概括，定位是对时间、地点、人物的确定，叠合事件指的是按一定时间顺序排列的事件，评价指叙事者以直接或者间接方式告诉读者或者听者故事的可读、可听性，解决指叙事者对情节、人物、事件等所做的评议，结尾是故事世界和现实世界之间构建的一种联系。

4. 概括—具体模式。这种模式又被称为一般—特殊模式、综合—例证模式、概述—细节模式，或者总说—分说模式。

需要注意的是，在实际语篇中，上面列举的几种模式可以独立出现成文，也可能与其他模式互相交错，因此，一个提问—回答模式语篇可能包括概括—具体模式，也可能再包含一个叙述模式。

（二）语篇体裁知识框架

"体裁教学法"则是语篇分析教学的一种方法体系。该方法将体裁的概念、体裁分析模式和教学模式贯通于阅读和写作教学，以不同体裁的语篇为教学载体，以探讨语篇的文化语境和情境语境为手段，以词汇、语法和修辞知识为核心，以培养学生的体裁能力为目标，重点研究语篇体裁类型为什么会因交际目的、内容、受众、渠道的不同而变化。

这种教学方法旨在通过教师对语篇的整体分析和讲解，引导学生掌握属于不同体裁的语篇所具有的不同语言特点、篇章结构以及社会交际目的，让学生认识到语篇不仅仅是一种单纯的语言单位建构，更是一种社会意义建构。

体裁教学模式的设计主要在于解决两项任务。首先是语篇教学的架构问题。传统的语言教学基本上从词法、句法的分析入手，而以体裁为支架的语言教学着眼于完整语篇的意义建构过程。其次是体裁教学的方法路径问题。体裁教学将语域分析纳入考虑的范围，即从语场、语旨、语式入手，探讨语言形式和情境语境之间的关系，使语篇教学从对语篇的语言平面的表层描述转向对语篇的宏观结构和交际功能的深层解释。

在实际的语篇课堂教学的过程中，体裁教学可以按照以下三个阶段逐步进行：共同协商阅读、教师的示范分析和独立阅读。

在共同协商阅读阶段，教师和学生共同阅读语篇，引导学生对语篇的体裁特征展开观察、讨论等活动。教师将学生观察、讨论的结果在黑板或屏幕上进行总结并整合记录在黑板或屏幕上。

在示范分析阶段，教师向学生展示体裁分析的框架。在这一阶段，教师通过展示体裁分析的框架，引导学生将对目标语篇在第一阶段进行的观察和讨论所得出的语篇的体裁特征与给出的框架对号入座，对语篇的社会功能、体裁结构、语言特点等方面进行系统的示范分析，指导学生对语篇体裁进行整体的理解和掌握。

在学生的独立阅读阶段，学生将在独立阅读的过程中形成自己的针对该语篇的体裁分析的框架，并根据该框架对该类体裁的总体特征进行概括。学生可以根据自己的阅读习惯和感受创造性地利用所学体裁，独立地完成自己对语篇知识的构建。

这三个阶段的教学过程包含了师生之间及学生之间的互动，这些交互性十分明显的活动通过理解语言、分析语言、运用语言，讨论语篇阐释的社会文化语境、交际目的、语篇机制、语法修辞特点和相关专业知识，同时产生大量的语言输入，并有效地促动理想的语言输出。

在中学英语教学的实践中，可以通过分析语篇体裁的特定结构、表达方式进行学习。目前，语篇教学在很大程度上仍采用自下而上的微观分析方法，把自成一体的文章拆解为各不相干的、传递零碎的语言知识点的载体。在这种教学模式之下，学生不能识别语法上的衔接和语义上的连贯，对语篇的内容和形式框架缺乏宏观的整体理解。而常用的预测、略读、寻读、推测等阅读技巧处理的对象往往是篇内的具体信息而非语篇的宏观结构，只能让学生聚焦到某一个段落和语句上；相反，引导学生对语篇策略进行提炼并加以分析可以使学生更迅速、更宏观地探求语篇的交际功能、谋篇布局的方式和特点、行文逻辑等，从而掌握语篇的结构特点，是进一步理解语篇思想内涵的基础。如果教师长期引导学生对语篇策略进行提炼，就会使学生熟悉英语写作的思维方式以及语篇建构的特点，使其在头脑中建立起宏观的有关英语语篇的体裁、类型、模式的图式，并直接有助于学生的其他能力的培养和提高。

（三）语篇衔接特征解构

语篇的整体意义是通过语篇的部分意义有机地组合起来的，以语篇局部为重点的微观分析技能同样也是语篇理解的重要组成部分。微观分析一般包括对语篇衔接手段的基本分析（如照应、替代、省略搭配、同义、反义、相关义、上下文等语言衔接以及语义连接）。

语言衔接被认为是在语篇的表层结构上利用语法、词汇这两种衔接手段来实现的。语法衔接手段主要包括时间和地点关联词语、连接性词语、照应、重复、替代和省略等，其中连接性词语用来表示句子间的语义关系，如列举、转折、对比、解释、原因、结果、总结等；词汇衔接手段主要包括关键词重复、同义或近义关系、反义关系、上下义关系等。

语义连接是语篇连接的另一个重要手段，存在于语篇的底层结构之中，具体表现为句子间各种语义关系，通常有并列、顺序、转折、解释、因果等。语义连接的一个重要手段是逻辑连接，其标记词是构成语篇线性连贯及宏观语义的重要环节。

（四）语篇教学内容的创生

1. 参照语篇教学目标选择教学内容

（1）语篇知识教学内容的选择

语篇知识分为三类：一是陈述性语篇知识，主要包括语篇、篇章、话语、语义、语形、语境、语体、语气、语调、语篇类型、语篇体裁、语篇图式、篇章语法、功能、衔接与连贯、宏观结构、微观结构、篇际性、信息结构等知识；二是程序性语篇知识，主要包括语境分析、功能分析、结构分析与运用、体裁分析与运用、语体分析与运用、语篇审美、语篇评价等方面的知识；三是策略性语篇知识，主要包括目的意识、主题意识、作（说）者意识、读（听）者意识、可接受性意识。语篇知识教学内容的选择主要围绕以上类型展开，这里以语篇图式为例，谈谈语篇知识教学内容的确定。

语篇图式是一种认知结构，语篇图式的养成与发展贯穿于语篇读写教学之中。在阅读教学中，学生的语篇解码须借助语篇图式，在解码的过程中，学习者须提取语言图式、内容图式、形式图式。相应地，学生的语篇解码又有助于发展自己的语篇图式，这样，语篇图式与语篇解码就构成了一种共生互惠的关系。在写作教学中，语篇解码也要借助语篇图式。比如，完成叙事性语篇的写作任务，就要提取相应的体裁图式-故事图式，完成议论性语篇和说明性语篇也都需要借助各自对应的体裁图式-修辞结构。与语篇解码类似，语篇编码也有助于发展学生的语篇图式。当然，语篇解码与编码的训练又将促进思维的发展。发展语篇图式意义重大：一方面，语篇图式与读写能力具有双向建构作用；另一方面，语篇图式又是读写能力互相转化的心理枢纽，因此语篇教学内容的选择应聚焦语篇图式的建构。

在平时的语篇教学中，读写结合的意识几乎成为一种集体无意识。语篇教学内容的选择往往更为关注微观层面的语言形式以及微观层面的写作迁移训练，而语篇图式的整体养成却未引起足够的重视。显然，这既不利于阅读能力的发展，也不利于写作能力的提高。宏观结构语篇图式理论给我们的启示在于，语篇教学既要关注语篇微观层面的语言形式，也要重视宏观结构即语篇的"体制"，注重对篇章整体的揣摩与模仿，这样才能更高效地发展学生的读写迁移能力。

（2）语篇能力教学内容的选择

语篇教学着重发展三种能力：一是语篇理解能力；二是语篇评价能力；三是语篇审美能力。语篇学视野下语篇教学内容的选择主要是基于以上三种能力教学的选择。语篇理解能力包括体裁分析能力、结构分析能力、语境分析能力、语体分析能力。相对语篇理解能力而言，语篇评价能力与语篇审美能力属于更高层级的能力。但是，这三种能力并非简单的线性关系，个别时候，语篇理解能力与语篇评价能力、语篇审美能力并不存在先后高低之分。以下就语篇评价教学内容的选择进行进一步的介绍。

在各种思维中，批判性思维是较高层级的，也是很难培养的一种思维品质，个中缘由很复杂，直接的有两条：一是考试评价的刚性机制与思维培养的多元性之间的矛盾；二是个性化阅读与文本阐释的合理边界之间的矛盾。

语篇评价是一个富有纵深感的概念，在国际素养评估以及西方国家的语篇教学中，它都是备受重视的一种阅读方式。语篇评价属于较高层级的语篇解读方式，读者须反复推敲文本，以确定关键要素，诸如信息、假设、语言运用和价值观等。读者应根据文本呈现出来的要素或线索进行相应的解释，包括整体把握文章的言外之意，同时能对文本的不足提出疑问和批判。

语篇评价通常分为三个步骤。第一步，读者应这样自问：我认同作者所说的吗？或者说，对于作者的观点，我做出反思了吗？第二步，读者应这样自问：文章提供例子了吗？或者说进行论证了吗？文章的内在逻辑一致吗？能否找到反例？第三步，读者应结合之前的分析进行整体性推断。实际上，这三个步骤可以通过三个问题贯穿起来：一是文章写了什么？二是文章是如何写的？三是作者的写作意图到底是什么？你是否真正明白作者为何要这样表达？这类问题的答案通常无法在文章中直接找到，它有赖于读者根据文章提供的线索或信息进行推断。比如，想了解作者的写作目的，读者须从作者的选材和语言表达方面去推断。再比如，要想了解作者的言外之意，读者必须分析作者语汇的选择；要想了解作者的倾向，须对文本内容和语言形式进行分类解析。

2. 根据学生语篇学习经验创生教学内容

语篇教学内容不能单一地根据教学目标进行预设，某些场合，教师须大胆放手，让学生自主充分地阅读，根据学生主体的语篇学习经验，即时生成语篇教学内容，具体分两种情形：

（1）根据学生的选择生成语篇教学内容

在语篇教学的过程中，教师不会牢牢地掌控着教学内容和进程，相反，他会给予学生自主阅读的时间和空间，让学生在自主阅读和思考的过程中，发现自己的兴趣和想深入探索的地方，进而激发整体的大规模讨论。教师要基于学生的主体意识，根据学生的选择生成语篇教学内容，巧妙抓住学生课堂讨论与教学目标的最佳结合点，在两者结合的同时，既有教学内容的即时生成，也有教师课前的精心预设（准备），这种预设和生成不是截然对立的。

（2）根据学生的问题生成语篇教学内容

在教师即权威的传统课堂教学中，教师的问题常常被理所当然地预设为学生会产生的问题，进而使学生话语沦为隶属性话语，因此不能激发学生的共鸣和兴趣。要改变这一现象就需要教师懂得什么时候该放手，智慧地赋予学生话语权，引导学生如何提问，努力打造问学相互促进的课堂。

此外，根据学生的问题生成语篇教学的内容也存在着不同的层次，一问一答固然已经臻于佳境，但如果能够在问答之中穷究事物的来龙去脉，这样的师生对话就更能促进语篇的纵深学习，引发学生的深层思考。高明的教学对话并非简单的问答，而是不断地抽丝剥茧，一层顺着一层问下去，做到问题的延伸，将话题内涵表述细化和深化。对话双方从之前的一个话题按照一定的规则引出相关的子话题，并对这些从属的子话题进行内涵、外延或相关问题的深入探讨。简单地说，话题延伸就是以初始话题为"中心话题"细分出若干个子问题进行讨论与交流。

总而言之，学生的选择是对话题的选择，而话题向子话题的运动总是伴随着相关问题的延伸与裂变。这便意味着，话题和问题既相对独立，又互相交融，或者说，根据学生选择生成教学内容与根据问题生成教学内容乃是一个问题的两个方面。基于先发话题（问题）的追问，对问题做深入的探讨，需要教师的专业素养和教学机制作为支撑。

3. 根据教学实际有的放矢地进行语篇教学

需要补充的是，在语篇分析教学的具体实施过程中需要注意以下三个方面：

第一是与其他教学环节相结合，可以在导入阶段进行，也可以在归纳总结阶段进行，还可以一边提炼语篇体裁和模式，一边讲解文章意思和语言知识点。这样，语篇的形式与内容既分又合，相互依托，使学生对语篇策略的功能形成更深入的认识。

第二是语篇分析的模式不仅局限于课时，根据新课程对主题教学的要求，单元早已取代课时成为教学设计的基本单位。因此，对于在一个单元的相同主题下的不同语篇之间的联系的分析也是不可忽略的部分。

第三是在语篇分析的过程中，教师应该通过以下问题去思考语篇教学的有效性。

①学生阅读文本的动机和目的是什么？它们是否和作者的写作目的相关？

②学生可以利用文本中的信息输出什么？这与学生固有的知识结构之间会产生怎样的

作用？

③学生对这一类交际目的范围类的语篇是否熟悉？他们对这个话题是否感兴趣？

④学生是否有深入阅读和理解语篇的策略基础？教师应该采取什么样的语篇阅读教学策略？

⑤学生怎样才能从课堂教学中的师生互动、同学之间的互动以及自主阅读中获得语篇研读能力的提高？

（五）语篇教学的多模态化

语篇阅读教学要求教师引导学生不断揣测作者的意图和思路，不断提出假设并加以验证，整个过程是学生理解文字、融入语境、感受作者的认知过程。因此，恰当地运用多媒体教学设备和手段在中学英语阅读教学中能起到事半功倍的效果，可以以更加生动的形式引领学生进入语篇的语境，降低语篇文本的阅读难度，增强其可读性和趣味性，促进学生运用简化策略根据语境分析推测难句中的生词词义和句义，有助于学生生成复述策略，完成口头或书面的概述。

三、基于单元视角规划语篇教学

（一）单元目标统筹教学

1. 依据单元首页和基于学情确定单元教学目标。

2. 依据阅读语篇特征，分解单元教学目标，划分课时，统筹落实单元教学目标，见表6-3。

表6-3　单元整体教学目标

课时	主要教学目标	单元教学目标
1	能通过阅读语篇的学习，了解故事的基本信息以及故事的陈述结构，达到对文本的表层理解	第一条
1	能通过主题词汇语义网络的构建，描述人物经历，挖掘人物思想和故事主题，达到对文本的深层理解	第一条
1	能通过语法板块的学习，对比人物经历，发表个人意见，达到对文本的深层理解	第二条 第三条

（二）文本线索贯穿教学

以单元为基本教学单位的中学英语教学需要在单元之间、话题之间、语篇分布之间建立一定的联系，使得语言教学的过程符合学生认知逻辑发展的顺序。要依据语篇的话题和关键内容确定语篇教学的宏观结构，培养学生语篇学习的整体规划能力。建议从不同语类的纲要式结构出发进行整体教学的谋篇布局。

教师可以指导学生依据共建语篇的语类特征，开展对语篇的发展结构和行文逻辑有针对性的探索的活动。针对叙事语类，可通过故事曲线图将故事内容按时间发展顺序对关键内容进行布局；针对描述语类，可依据描述类别组织语篇内容；对于说明语类，可利用绘制思维导图或关键概念比较等活动，从语篇呈现的因果关系、异同比较等角度对核心内容的展开方式进行布局；对于论说语类，也可采用思维导图，依据主要论点及相应论据对语篇的推进步骤进行布局；对于指示语类，可结合绘制流程图或思维导图对某一活动的展开步骤进行布局。

正确理解和把握语篇的整体谋篇布局对单元语篇的整体教学非常重要。如果语篇的宏观结构布局不够合理，话题与内容就不能很好地结合，单元语篇教学就会缺乏条理性和连贯性。要挖掘分析阅读语篇在内容、技能、结构等部分间的内在联系，通过主线串联各个节点，形成有形的线索，贯穿语篇教学。

（三）教材板块规划教学

中学英语教师在面对各方面的教学压力时，会倾向于将一个阅读语篇宏观结构的教学设计为教师主导的给出相关概念并进行解释。针对这样的情况，教师其实可以借助新课程背景下研发的新教材中对语篇阅读能力的培养和检测所设计的相关板块，如读前的导入阶段及读后的练习板块都可以对阅读语篇的宏观组织模式的教学有很大的帮助，将抽象的概念具象化，便于教师的教学以及学生的理解接受。语篇教学应围绕主题意义，建立内容要素之间的有机联系，改变教学内容碎片化现象。

基于单元整体板块教学设计，教师可以依据教学目标有序地规划教学的诸要素，使学生的探究活动围绕主体意义展开。通过一些逻辑连贯、层层递进的教学活动，引导学生水到渠成地生成对单元语篇主题的整体理解和把握，形成对自我、对他人、对社会和对世界的新的认知、态度和价值判断。

教师要设法通过语言学习活动的设计将自己对语篇的理解转化为学生对主题的探究。活动设计应基于特定主题下相互关联的意义单位，引导学生在探究主题意义的过程中，整合性地学习和运用语言知识，自主地去寻宝和探宝，建构起新的结构化知识，深化对单元主题的理解与认知，并在主题意义探究过程中获得知识、提升技能、发展思维、塑造品格。

（四）学习任务驱动教学

课程标准提出了指向学科核心素养发展的英语学习活动观，以活动为形式，通过学习理解、应用实践、迁移创新等递进的语言、思维、文化相融合的活动，引导学生理解主题意义，提高语言能力，促进学科核心素养的养成。

任务型语言教学的环节分为三个阶段，即任务前、任务中和任务后活动。任务前阶段主要目的是让学生做一些准备工作，比如，语言上的准备，对词汇、语法、句型做一些准备，也可以就话题做准备，包括知识的准备；在任务中阶段，学生根据任务要求，去执行任务或完成任务，一步一步地落实任务的各个环节；在任务后阶段，学生要向其他同学，可能是组内的，也可能是全班的同学，报告任务完成的情况以及完成任务以后得到的结果。

在这三个阶段的任务活动中要始终遵循静态任务—动态任务—抽象任务的顺序，计划、组织并实施语篇教学和单元教学。

第四节　基于语篇分析的教学应用

一、语篇分析理论在英语阅读教学中的应用

在中学阶段，由于学生的语言思维和认知能力仍处于发展阶段，所以在中学教学实践中教师仍要注重知识的呈现方式和学习方法的引导。传统的英语阅读教学存在着以下的问题：将文本分析狭义地理解为文本翻译；阅读活动设计单一片面，缺乏层次性；教学过程忽视语篇语境、衔接手段等阅读策略的指导等。简而言之，仅停留在表层文本理解的阅读教学，由于缺少对语篇深入的剖析，是中学生阅读能力难以提高的阻碍之一。

为了帮助学生在习得英语语言时克服阅读的障碍，中学英语教师应该充分认识到语篇分析在阅读中发挥的重要作用。教师可以创设主题语境，引领学生展开层层递进的语篇分析，在指导学习英语基础知识的同时，培养学生的语篇意识，理解语篇的深度内涵，从而实现语篇的育人价值。接下来，我们将结合具体课例来说明语篇分析理论在中学英语阅读教学中的应用。

（一）创设主题语境

中学阶段的阅读语篇都有其特定的主题语境，将具体的主题语境作为载体，围绕语篇

的主题开展语言知识教学活动，才能够使学生充分理解和灵活运用语言基础知识。

教师可以通过分析语篇的主题语境，设计恰当的导入活动，为学生创设主题语境。具体来说，教师可以结合多模态导入语篇背景知识，以此激活学生已有的、与所学语篇相关的背景知识，帮助学生更好地理解文章内容，具体导入方式包含图片、实物、音频等。另外，教师也可以通过预测的导入活动，引导学生猜测语篇的主要内容。

（二）点明语篇模式

教师可以设置聚焦于语篇体裁的问题，引导学生确定语篇的篇章模式。具体而言，教师可以通过让学生寻找语篇中心段落和段落主题句，帮助学生准确地分析语篇结构，使学生把握语篇的宏观脉络。教师通过引导学生通读全文，从宏观上确定语篇的体裁。

（三）分析衔接手段，理清语篇逻辑

教师在教学时要有意识地引导学生分析文章的整体内容、句子间的结构，充分运用首尾句的信息、逻辑连接词等推测文章的发展趋势，帮助学生把握文章的逻辑关系，更好地理解语篇内容。语篇衔接手段的分析可以从显性衔接和隐性衔接两个方面入手。

显性衔接包括词汇衔接和语法衔接，显性衔接手段应用的具体表现如下：语篇的文本中经常出现词汇的复现和同现现象。作者在写作时会围绕选定的主题构建语篇，因此语篇文本中会形成同一主题下的语义场。为了使自己的态度和观点更加清晰，作者会反复使用同一个词或它的同义、超义、次义、反义词等，进而达到突出语篇重点的目的。

换句话说，教师可以引导学生找到段落和句子之间的逻辑联系，理解段落、句子和单词之间的衔接和连贯，掌握作者的写作思路，明确作者的写作意图，从而提高他们的语篇理解能力。

（四）分层阅读练习，深化语篇主题

语篇分析的价值在于实现作者与读者之间的交流，使读者形成自己对文本的理解。教师根据阅读语篇的章节结构和基本内容，设置任务型阅读理解题，或者通过辩论和复述故事的练习形式，测试学生对语篇的主题以及对语篇结构的掌握，旨在提高学生归纳、推理和评价的能力。

二、语篇分析理论在英语写作教学中的应用

写作并不是简单的词汇堆砌，而是建立在语篇基础上的思想交流。语篇分析理论指导

下的写作教学不仅可以帮助培养学生的写作技能，而且可以提高学生的语篇意识。在写作过程中，语篇分析理论对于文章的布局、段落的形成、词语和句子的选择都是不可或缺的。采用语篇分析理论来进行写作教学可以很好地避免传统写作教学存在的教学模式单一，教学仅停留在词法、句法层面的问题。接下来，我们将通过实例阐述语篇分析理论在写作教学中的应用。

（一）基于语篇感知语篇的衔接与连贯

以语篇为导向的写作教学在一定程度上弥补了以词、句和语法教学为重点的不足。教师要以精读为途径，让学生感知语篇的衔接机制，明白衔接机制在具体的语境中应当如何运用，从而学会写出有层次、有逻辑的文章。

1. 创设情境，引导学生审题

本书每个单元都是围绕特定主题展开的，比如写作板块就致力于引导学生根据写作主题来把握写作语篇的交际目的。课本中的阅读内容丰富、逻辑严谨、结构合理，适合作为引导学生理解篇章结构的材料。教师在写作课的导入环节可以先通过视频、图片和讲故事等方式呈现语篇的文化背景或创设特定情境，吸引学生的注意力和兴趣。

2. 借助语篇范例，呈现语篇宏观结构特点

写作的社会交际作用，是通过交际活动场景来实现的，并根据场景与交际目的的不同形成特定的语篇体裁。通过具体语篇模板的呈现，引导学生模仿体裁范式，搭建体裁的图式，实现对学生写作语篇结构意识的培养。

阅读时，教师要特别注意引导学生分析语篇衔接机制的方法。例如，可以采用寻找段落主旨的方法让学生明白文章主旨和段落、段落与段落之间的关系；画出段落中心句，感知主题句与细节句的区别；回答与段落内部细节句相关的问题，发现段落内句子之间的信息是如何分布的，感知句子之间的语义相关性；找出句子之间过渡所使用的衔接词汇，积累形式衔接机制。

3. 依托语篇范例，分析语篇的微观组织结构

语篇的微观组织结构包括指称、替代、省略和词汇衔接。教师要让学生了解句子之间的关系，可以让学生找出并理解句子之间的连接，除了文章中出现的，教师还可以给学生提供某类连接的其他表达方式，增加学生写作时连接方式的选择范围。

指称和替代是中学阶段的学生相对熟悉的语篇微观组织结构。具体而言，中学阶段的指称包含人称代词的主格、宾格和物主代词等的使用，如 I、me、mine，替代包含名词性

替代如 one、ones 等，动词性替代如 do 和 do so 等，以及由 so 引导的小句替代。词汇衔接方面，教师在遇到语篇中学习过的词汇时，可以让学生回忆此类词汇的用法并教授更高级的同义词，引导学生在写作时进行替换。

另外，在分析语篇的微观结构时，语法结构和句子之间的衔接也需要得到关注。比如，在故事语篇的写作中，往往需要使用过去时态，那么教师在讲授故事语篇写作的时候，可以引导学生关注写作语篇的主要时态，凸显出故事语篇写作的语法结构特点。而关于句子之间的衔接方式，在写作教学的过程中，教师可以引导学生关注各种表示句子间逻辑关系的连接词。

（二）超越语篇训练语篇衔接的运用能力

在学习语篇中的衔接之后，教师呈现写作话题，话题应当与所学语篇类似或相近，这样才能在一定程度上保证学生及时运用所学知识。篇章结构的构建与列提纲类似，要求学生在面对相应的写作话题时，判断语篇的类型，选择合适的时态，罗列出每个段落的主题。

比如，关于旅游相关的主题时，写作任务可以让学生选择一个去过的旅游景点，并介绍该景点。那么，教师可以先让学生分组讨论该话题下的写作框架，即各个段落的主题，提示学生可以模仿课文。在段落层面上，学生确定各段落主题之后，还需要思考围绕段落主题的各个句子之间的排列组合以及句群之间的主题和承接关系。教师要实现这个方面的目标，需要及时帮助学生回顾精读中学习到的句子之间的关系，在原有的段落主题下思考出次主题。在句子层面上，教师要提醒学生恰当地使用衔接手段增加句子之间和段落之间的衔接性。

（三）反思语篇进行师生互评

写作后的评价环节包括学生的自我评价、同伴互评以及教师评价。新课程强调在教学评价过程中要注意评价主体、评价方式、评价目标的多样化。教师应该明确评价的目的是促进学生的学习和改进教师的教学。针对于写作方面的课堂教学评价应该涵盖语篇内容的完整性、语篇的连贯性、词汇使用的恰当性等方面，通过这样全方位的写作教学评价帮助学生修改和完善作文，最终提高其语篇写作能力。

此外，一项写作任务的完成对于语言表达能力的提高是远远不够的，学生在课内得到自我、同伴和教师建议后，课后还需要进行多稿写作，加深对写作任务和要求的认识，并在不断修改中提高写作能力。

中学阶段是学生积累语言知识、培养文化意识的重要阶段。然而，在目前的中学英语阅读教学中，一些教师在应试教育的压力下，在进行语篇文本教学时，主要侧重于对语言的解读，对语篇语境、衔接手段和主题思想的分析则较少，导致学生没有对语篇进行深入分析和思考，进而很难达到对语篇内涵的深刻理解。为了让学生在语言层面和文化层面上都得到发展，中学英语教师在讲解阅读文本时要重视语篇分析，尤其是语境和衔接语的分析。

新课程强调在英语教学过程中要关注主题语境，培养学生的语篇意识。教师要引导和帮助学生深入分析语篇承载的文化内涵和价值取向，通过英语阅读提高学生的跨文化沟通能力，帮助其理解和领悟文化的多元性。

在中学英语教学实践中，语篇分析理论具有十分重要的指导作用。因此，在英语教学实践中，教师应注重对学生语篇意识的培养，引导和鼓励学生对文章进行语篇分析，强化学生的语篇分析能力，最终促进学生形成良好的学习习惯，进而有效提高其英语学习效率。

参考文献

[1] 向荣. 中学英语教科书多元文化教育研究［M］. 武汉：华中科技大学出版社，2023.

[2] 田黎，王婷. 中学英语写作教学指导手册［M］. 兰州：兰州大学出版社，2023.

[3] 王金铨. 中学英语课程与教学［M］. 上海：复旦大学出版社，2023.

[4] 李宝荣. 大夏书系：中学英语单元整体教学设计与实施［M］. 上海：华东师范大学出版社，2023.

[5] 张宏薇. 中学英语核心文学知识解析［M］. 北京：高等教育出版社，2023.

[6] 梁美珍. 中学英语单元整体教学设计的路径与实施［M］. 杭州：浙江大学出版社，2023.

[7] 孙锋. 无敌中学英语语法大全［M］. 北京：海豚出版社，2023.

[8] 刘丽平，罗明礼，汪慧琴. 学科教学方法论丛书：中学英语教学方法论［M］. 成都：四川大学出版社，2022.

[9] 谢忠平. 中学英语阅读教学与优质课例［M］. 2版. 上海：华东师范大学出版社，2022.

[10] 庄海滨. 语篇类型图形组织器与中学英语读写教学［M］. 长沙：中南大学出版社，2022.

[11] 龙安保. 中学英语教师文化适应性提升研究［M］. 上海：上海交通大学出版社，2022.

[12] 杨丹. 中学英语课程教学探索与实践研究［M］. 北京：中国经济出版社，2022.

[13] 杨嵘. 中学英语教学"知情意行"探微［M］. 上海：上海文汇出版社，2022.

[14] 易荣楣，陈书元. 中学英语思维课堂阅读教学实践［M］. 重庆：重庆大学出版社，2021.

[15] 高惠蓉. 双新背景下的中学英语语篇教学新探索［M］. 上海：上海交通大学出版社，2021.

[16] 龙继英. 中学英语校本课程开发［M］. 长春：吉林人民出版社，2021.

[17] 汤红艳. 中学英语阅读教学设计与实践教程［M］. 北京：中国人民大学出版社，

2021.

[18] 张喜华. 有效的基础英语教学 ［M］. 北京：旅游教育出版社，2021.

[19] 唐晓沄. 中学英语教学纵横谈 ［M］. 上海：上海交通大学出版社，2021.

[20] 何书利. 基于学科核心素养培养的教学关键问题研究中学英语 ［M］. 北京：研究出版社，2021.

[21] 马东强. 中学英语教学实践探索 ［M］. 天津：天津社会科学院出版社，2021.

[22] 刘红，刘英. 英语核心素养与英语教学 ［M］. 长春：吉林人民出版社，2021.

[23] 杨云. 英语学科核心素养视域下的中学英语课堂教学策略研究 ［M］. 重庆：重庆大学出版社，2021.

[24] 薛桂兰. 中学英语综合实践活动课程开发与实践 ［M］. 北京：北京教育出版社，2020.

[25] 张美娇. 中学英语教学与文化研究 ［M］. 北京：中国商业出版社，2020.

[26] 钟炳. 英语学科知识与教学能力初级中学 ［M］. 重庆：重庆大学出版社，2020.

[27] 米云林. 基于核心问题的中学学科课程开发与实施·中学英语（二） ［M］. 成都：西南交通大学出版社，2020.

[28] 李英垣. 新视野学术英语写作 ［M］. 重庆：重庆大学出版社，2020.

[29] 朱波. 学生核心素养视角下的英语学科能力研究 ［M］. 北京：北京理工大学出版社，2020.

[30] 魏创文. 基于学科核心素养的中学英语课堂教学建构 ［M］. 北京：现代出版社，2020.

[31] 李双军，魏芳，周采玉. 中学英语教学研究与实践 ［M］. 长春：吉林人民出版社，2020.